인생의 8할은 설득이다

인생의

로마 시대 최강 말발 키케로가 알려주는 말로 이기는 기술

8할은

80%

다카하시 겐타로 지음 · 유윤한 옮김

설득이다

서울문화사

들어가는 말

이 책은 고대 로마의 가장 뛰어난 변론가인 키케로에게 많은 빚을 지고 있다. 그가 쓴《변론가에 대하여》를 바탕으로 '설득의 기술', 즉 '로마식 변론술'을 소개하고 있기 때문이다.

로마식 변론술은 다른 사람이 자신의 생각을 이해하도록 설득하는 기술이다. **상대방이 누구든 장소가 어디든 써먹을 수 있는 보편적인 기술**로 다른 사람들과 더불어 살아가는 데 반드시 필요한 것이기도 하다.

키케로의 변론술이 적용될 수 있는 분야는 실로 다양하다. 일상에서 다른 사람을 설득할 때, 업무상 회의를 할 때, 프레젠테이션 할 때, 서류를 작성할 때 등. 누군가를 말로 설득할 때 거의 모든 면에 이 기술이 쓰인다고 볼 수 있다.

서구 유럽에서 변론술은 아주 기본적인 교양이다. 생각이 좀 빠른 사람들은 누구나 변론술과 관련된 고전에 해박한 지식을 가지고 있을 뿐만 아니라, 그것을 실천하려고 노력한다. 토론, 주장, 설득이 현실을 움직인다는 사실을 잘 알고 있기 때문이다.

그런데 이쯤에서 독자 여러분은 의문을 품을지도 모르겠다. "키케로는 대체 어떤 사람이지?"라고.

키케로는 **로마 최대의 철학자이자 동시에 일류 정치가**다. 그의 저서《국가에 대하여》,《의무에 대하여》,《선과 악의 궁극에 대하여》 등은 유럽 문화에 셀 수 없는 영향을 끼쳤다.

그리스 철학이 서양 사상 속으로 활발히 받아들여질 수 있었던 데도 키케로의 역할이 크다. 그가 라틴어로 번역한 그리스의 철학서들은 이후 서양 사상이 꽃을 피우는 기름진 토양이 되었다. 특히 르네상스기의 사상가와 시인들이 인간이 추구해야 할 본연의 자세에 대해 이야기할 때 부지런히 참고한 책이 바로 키케로의 저서들이다.

20세기에 들어서도 키케로는 여전히 중요한 철학자였다. 나치즘과 같은 전체주의를 분석한 한나 아렌트Hannah Arendt나 스페인 최고 철학자라 불리며 '대중이란 무엇인가'를 추구해온 호세 오르테가

이 가세트José Ortega y Gasset도 키케로의 저서를 극찬하며 자주 인용했다.

이처럼 **서양 문화에 국가, 법률, 의무, 그리고 인간에 대하여 다시 생각하게 될 때 반드시 돌아보며 의지하던 것이 키케로의 사상**이다. 지금도 많은 대학에서 라틴어 시간에 그의 저서를 교재로 쓰고 있다. 이 책에서는 그런 사상가로서의 키케로보다는 변론가로서의 키케로가 전하고자 했던 내용들에 대해 살펴보고자 한다.

키케로는 **변론이 정치를 이끌고 가던 고대 로마 시대에 자타가 인정하던 최강 논객**이었다. 그는 귀족 계급이 아니었는데도 변론의 힘으로 로마 정치 제도에서 가장 우두머리인 집정관의 자리까지 올라갔다. 이것은 당시로선 아주 드문 일이었다. 또 그는 카이사르가 군사력을 등에 업고 공화제를 파괴하려 할 때 변론으로 맞서 싸운 사람이기도 하다.

《변론가에 대하여》에서 다루고 있는 설득의 기술은 그런 키케로가 평생에 걸쳐 '말의 힘'으로 치른 전투 경험들로부터 나온 것이다.

"사악한 자에게 그것을 무기로 삼아 달려들고, 공격당하면 그것을 무기로 삼아 반격할 수 있다."

《변론가에 대하여》 제1권 8장

여기서 그것이란 바로 '말하는 기술'이다. 말의 힘에 대한 키케로의 이런 시점은 변론술에 대한 다른 고전이나 현대의 화법 관련 책들과는 구분되는 특징이기도 하다.

이 책의 내용은 현실과 차단된 책상머리에서 나온 이론이 아니다. **키케로의 철학자로서의 논리와 통찰에 정치가로서의 실전 경험이 더해져 응축된 것으로, 이전에도 이후에도 찾아보기 어려운 값진 내용**이다. 그럼 지금부터는 그 귀한 내용 속으로 들어가볼까 한다. 독자 여러분은 혼미한 로마가 현대인들에게 남긴 귀한 선물을 만나게 될 것이다.

차 례

4장 감정을 선동하는 기술

5장 절대로 실패하지 않는 설득술

6장 표현력을 닦다 · 로마식으로 말하는 법

7장 한 단계 더 높은 설득력을 위해

1장

설득의 기술

로마식 변론술의 기초지식

인생은 설득의 연속

이 책에서는 키케로가 《변론가에 대하여》를 비롯한 여러 권의 저서를 통해 설명한 로마식 변론술에 대해 살펴보려고 한다. 그런데 그 전에 문제가 되는 것은 '도대체 변론술이란 어떤 기술을 말하는가'이다.

변론술이란 무엇인가.

한마디로 말하자면, 설득의 기술이다.

실전을 통해 탄생한 말을 '무기'로 삼는 기술

—

키케로가 살았던 고대 로마는 사회제도도 제대로 정비되지 않은 혼란스러운 사회였다(공무원은 임시직이었고, 경찰은 아예 없었다). 법률도 현대와 비교하면 구멍투성이였고, 뇌물, 착취, 폭력이 당연한 세계였다. 이런 상황에서 무엇보다 힘을 발휘한 것이 바로 다른 사람을 말로 설득하는 기술, 즉 변론술이었다.

가장 좋은 예는 로마 사회를 움직이는 출발점인 의회와 법정이었다. 이곳에서 통하는 가장 효과적인 무기는 총도 아니었고, 칼도 아니었다. 청중인 다른 의원들과 배심원을 설득할 수 있는 말이었다. 일단 듣는 사람을 설득할 수만 있다면 터무니없는 주장도 통했기 때문에, 의회와 법정은 말 한마디로 세상을 좌우할 수 있다는 것을 보여주는 현장이었다.

고대 로마의 변론가들은 목숨을 건 변론을 펼치며 날마다 말을 무기로 삼아 치열한 전투를 벌여야 했다. 그리고 이 과정에서 **설득을 위해 유효한 모든 이론과 설득 패턴을 연구했고, 그 결과 탄생한 것이 바로 로마식 변론술이었다.**

그 후 로마식 변론술은 시대를 초월해 살아남아 지금도 많은 메시지를 전해주고 있다. 현대라 해도 주제만 달라졌을 뿐 설득에 필요한 '메커니즘'은 같기 때문이다. 로마식 변론술에는 현대인들이 여러 가지 상황에서 타인을 설득하는 데 쓸 수 있는 기술이 당연히 포함되어 있다. 현대인들이 생각하는 법률과 도덕의 구조를 넘어 완성되었기 때문에 그 내용에는 요즘 사람들이 미처 생각하지 못한 깊이가 있다. 또, 무수한 실전을 거치며 다듬어졌기에 실용성도 크다.

이번 장에서 소개하려는 것은 그런 로마식 변론술의 기본적인 이론과 테크닉이다. 그 누구도 아닌 **변론술 역사상 최고의 대가라 할 수 있는 키케로가 들려주는 설명**을 통해 이에 대해 자세히 알아보고자 한다.

일도 사생활도 설득이 필요하다

키케로에 따르면, 설득이란 말을 전달해 다른 사람의 인식을 바꾸거나 새로운 행동을 하도록 만드는 것이다. 이런 식으로 에둘러 말하면 설득이란 실생활에서는 그다지 필요하지 않은 기술처럼 느껴질 수도 있다. 하지만 조금만 더 깊이 생각해보면 **살아간다는 것 자체가 설득의 연속임을 알 수 있다.**

우리가 일하는 현장부터 살펴보자. 영업은 '사도록 설득하는 것'이고, 프레젠테이션은 '자신의 아이디어에 동의하도록 설득하는 것'이고, 클레임 대응도 '상대방을 납득시키기 위해 설득하는 것'이고, 부하에게 지시를 내리는 것도 '납득한 뒤 일을 하도록 만들기 위해 설득하는 것'이다.

물론 설득이 필요한 것은 업무에서만은 아니다. 연애할 때 상대방에게 고백하는 것도 '나랑 사귀자'는 설득이고, 프러포즈하는 것도 '나랑 결혼하자'는 설득이다. 가족여행을 갈 때 자기가 가고 싶은 곳을 주장하는 것도 설득이고, 정치가가 정책을 국민에게 설명하는 것도 설득이다. 노벨상 수상자의 논문도 자신의 학설을 주장해 설득하는 것이고, 요즘 자주 화제가 되는 인터넷에서 벌어지는 설전도 자신의 주장을 상대방에게 설득하는 것이다. 즉 우리는 삶의 순간순간마다 설득을 목격하기도 하고, 스스로 행하기도 한다. 그런 의미에서 설득의 기술인 **로마식 변론술은 생활의 거의 모든 상황에서 필요하다고 볼 수 있다.**

지식만으로는 설득력이 생기지 않는다

키케로에 따르면, 누군가를 설득하기 위한 기술은 독립적인 것이라 그 자체를 따로 배워야만 한다.

"주제에 대한 충분한 지식만 있으면, 다른 사람을 설득할 수 있다."

"아는 것이 많으면 토론에 강하다."

이상은 모두 착각에서 나온 말이다. 요즘 흔히 있는 인터넷상의 토론만 봐도 왜 그런지를 알 수 있다. 특정 분야의 전문가인데도 초보자나 일반인과의 말싸움에서 밀리는 것을 자주 볼 수 있다. 얼핏 보기엔 이해가 안 가는 신기한 일이다. 하지만 토론 내용을 찬찬히 들여다보라. 말싸움에서 지고 있는 **전문가에게는 지식은 있지만, 설득의 기술은 없다**는 것을 금방 알 수 있다.

설득의 기술은 세상에서 말하는 공부나 학문에 뛰어난 사람이 특정 분야의 지식을 많이 쌓는다고 해서 저절로 갖춰지는 것이 아니다. 거듭 말하지만 설득의 기술에 뛰어나려면, 그 기술을 갖추기 위한 지식과 훈련이 필요하다. 이 책은 키케로가 남긴 그런 지식과 훈련의 노하우를 현대인들이 어떻게 갈고닦아 삶의 현장에서 써먹어야 할지를 다룰 것이다.

어떤 상황에서도 쓸 수 있는 본질적 기술

설득의 기술은 **어떤 일을 하든 어떤 분야의 전문가가 되든 다른 사람과 함께 살아가는 한 꼭 필요한 것이다.** 앞에서도 말했듯이 인생은 설득의 연속이다. 즉, 설득의 기술이 뛰어나면 인생의 어떤 상황에서도 도움이 된다는 뜻이다. 그래서 키케로는 "변론술에 뛰어난 사람은 어떤 주제에 대해서도 최소한의 지식만 있으면 그 분야의 전문가보다 더 설득력 있게 매력적으로 말할 수 있다"고 말했다.

흔히 변론술이란 토론과 같은 대화에만 적용할 수 있는 기술이라 생각하기 쉽다. 하지만 결코 그렇지 않다. 키케로에 따르면, 변론술은 일상적인 대화나 토론뿐만이 아니라 서류나 원고를 작성할 때에도 크게 도움이 된다.

지금부터 살펴보고자 하는 설득의 기술도 연설 같은 드문 경우에나 쓸 수 있는 것이 아니다. 그보다 훨씬 **본질적이고 응용 범위가 넓은 생활의 기술**이다.

키케로의 한마디

누군가를 설득하는 기술은 인생의 모든 상황에서 필요하다.

진실이니 알아줄 것이라는 오해

설득에 대한 가장 큰 오해는 '내 얘기는 진실이니까 알아줄 것'이라는 생각이다. 한마디로 말해 이 생각은 틀렸다. 우리가 살아가는 현실을 돌아보자. **누가 봐도 올바른 진실이란 그 어디에도 없다.** 왜냐하면 그런 상황은 수학이나 논리학 혹은 종교에서나 가능하기 때문이다.

진실이란 누군가에게 올바른 것일 뿐이다

—

현실에서 '올바른 것'이란 어떤 것일까. 그것은 '특정한 누군가에게 올바른 것'일 뿐이다. **현실에서 벌어지는 사건이나 상황은 관점과 입장, 또 보는 사람의 기분에 따라 다르게 보일 수 있다.** 어떤 사람에게는 올바르게 보이는 것도 다른 사람이 보기엔 올바르지 않을 수 있다. 따라서 누군가를 설득하려면 자신의 관점에서 볼 때 올바른지 여부가 아니라, 설득하려는 상대방의 관점에서 볼 때 올바른지 여부에 초점을 맞추어야 한다.

'금세공사의 저울'이 아니라 '서민적인 천칭'을

—

설득은 말로써 다른 사람의 인식을 바꾸고 그가 어떤 행위를 하도록 몰아가는 것이다. 이때 설득이 이루어지기 위해 반드시 필요한 것은 상대방의 납득이다.

그럼 어떻게 해야 상대방이 납득해줄까. **상대방이 맞다고 인정해줄 수 있는 논리를 사용해 내가 원하는 결론을 이끌어내야 한다.** 이 방법밖에는 없다.

전문가가 초보자를 설득하려 할 때 흔히 하는 실수가 있다. 아무리 학문적으로 올바른 증거나 예를 제시해도 상대방이 그것을 알아듣지 못하면 의미가 없다. 또 아무리 치밀한 논리로 설득해도 상대방이 그것을 이해하지 못하면 설득은 성공하지 못한다. '어려운 근거나 증거를 들면 상대방도 아무 말 못하겠지'라고 생각하는 전문가가 있다면, 너무 세상 물정을 모르는 것이다. 설령 상대방이 그 자리에선 아무 말 않고 가만히 있었다 해도 그것은 그때뿐이다. 전문용어와 현란한 논리에 한풀 꺾여 잠자코 있었을 뿐, 상대방의 인식이나 행동은 하나도 변하지 않았을 것이다. 설득당하지 않았기 때문이다. 그래서 키케로는 이렇게 말했다.

"대중의 마음에 기쁨을 주며 감정적인 충동을 일으키고 그 정도를 측정하려면, 금세공사의 정확한 저울이 아니라 서민들이 쓰는 천칭을 사용해야 한다."

즉 우리가 누군가를 설득할 때에 필요한 것은 '금세공사의 저울'로 잰 듯한, 엄밀하고 난해한 올바름이 아니다. 그보다는 '서민들이 쓰는 천칭'으로 잰 듯한, 누구나 친근하게 받아들일 수 있는 올바름이다. 만일 설득할 때 자신의 의견이 옳다는 사실에 취해 상대방이 동의하든 동의하지 않든 '변하지 않는 진실'을 말하고 있다는 기분이 들면, 누구나 빠지기 쉬운 함정 속으로 빨려 들고 있다는 증거이다. 자신의 독선에 취해 상대방의 이해 여부를 배려하지 않게 되었기 때문이다.

설득할 때에는 아무리 올바른 주장을 올바른 논리로 펼친다 해도, 상대방에게 이해받지 못한다면 아무런 의미가 없다. 중요한 것은 **자신의 설득이 '상대방에게 올바르게 들리는가'**이지, '내가 올바르다고 생각하는가'가 아니라는 사실이다.

키케로의 한마디

설득에 필요한 것은 자신이 인정하는 올바름이 아니라, 상대방이 인정하는 올바름이다.

서양 변론술의 뛰어난 지혜!

설득의 3요소

앞에서 설득할 때 필요한 것은 상대방이 인정하는 '올바름'이라고 이미 밝힌 바 있다. 그렇다면 어떻게 해야 상대방의 귀에 '올바르게' 들리는 설득이 될까?

키케로가 가르치는 로마식 변론술에서는 듣는 사람에게 올바르다고 인정받는 설득을 하기 위해 다음 3가지 요소가 필요하다고 보았다.

❶ 논리적인 설득력

❷ 설득하는 사람의 좋은 인상

❸ 상대방의 감정을 움직이는 호소력

이 조건들은 원래 아리스토텔레스가 자신의 저서 《변론술》에서 주장했던 것을 키케로가 다듬은 것이다. 이후 '설득의 기술 3요소'라는 이름 아래 해설을 조금씩 바꿔가며, 오늘날에도 잡지나 인터넷 기사 등에서 자주 인용되며 사랑받고 있다.

이 3요소의 정확한 의미에 대해서는 아리스토텔레스가 했던 설명이 동서고금을 막론하고 가장 많은 지지를 받아왔다. 즉 오랜 시간 동안 많은 사람들이 '올바르다'고 인정해온 가장 설득력 있는 주장일 것이다. 그럼 아리스토텔레스가 3요소 하나하나를 어떻게 설명하고 있는지 알아보자.

❶ 논리적인 설득력

설득에 성공하려면 무엇보다 상대방이 고개를 끄덕이며 수긍하도록 이야기를 논리적으로 해나가야 한다. 그럼 이때 '논리적인 이야기법'이란 어떤 것일까. 간단히 예를 들어보자면 다음과 같이 말하는 것이다.

"이 기획서는 혁신적일 뿐만 아니라, 우리 회사에 큰 이익을 가져다주었습니다. 따라서 훌륭한 기획서라고 할 수 있습니다."

이처럼 "○○이기 때문에 □□", "○○다. 따라서 □□"라는 식으로 확실히 근거가 제시되고, 또 그런 근거들이 무리 없이 논리적으로 결론까지 연결되도록 이야기를 진행해야 한다.

다만 앞에서도 말했듯이 이런 식으로 제시되는 근거 및 논리가 반드시 만족시켜야 할 조건이 있다. 바로 듣는 사람이 '올바르다'고 느끼고 납득할 수 있는 것이어야 한다는 점이다.

❷ 설득하는 사람의 좋은 인상

설득하려면 상대방에게 호감을 사야 한다. 같은 이야기를 해도 말하는 사람에게 호감을 느끼는 사람과 그렇지 않은 사람은 정반대의 반응을 보일 수 있다. 합리적이지 못하지만, 이것이 현실이라는 데 독자 여러분도 동의할 것이다.

그러고 보니 얼마 전 인터넷에서 유행했던 문구 중에 '단, 미남에 한해서'라는 말이 있다. 같은 말을 해도 미남이 했을 때와 그렇지 않은 사람이 했을 때 반응이 완전히 달라지기 때문일 것이다. 갑자기 미남이 되는 것은 어렵지만, 설득 현장에서 상대방의 호감을 사기 위해 어느 정도의 노력은 여러 가지 방법으로 할 수 있다. 호감을 사는 데 중요한 것은 말하는 사람의 품격, 공적, 평판, 그리고 온화한 말투다. 이에 대해서는 3장에서 자세히 알아볼 것이다.

❸ 상대방의 감정을 움직이는 호소력

설득을 위한 3요소의 마지막은 '상대방 감정을 움직이는 호소력'이다. 감정이 가진 힘은 강렬하다. 최근 인터넷상에서 활발하게 전개되는 토론이나 논쟁에서도 감정이 가진 힘이 눈에 띄게 드러나는 경우가 점점 많아지고 있다. 물론 설득할 때 상대방의 감정을 부채질해 자신의 말에 동의하도록 만드는 것은 그리 좋은 방법이라 할 수는 없다.

하지만 이 마지막 요소를 완전히 무시하기 어려운 것도 현실이다. **실제로 감정이 토론 현장을 좌우하는 경우가 많으므로**, 그것에 대응할 수 있어야 한다. 특히 키케로가 로마의 혹독한 정치 현실 속에서 다듬어온 로마식 변론술에서는 감정을 중요시한다. 그에 따르면 청중을 선동하는 것이 상대방을 설득하는 데 유리하다면 주저 없이 그 방법을 동원해야 한다.

인간을 전체적으로 이해하는 로마식 변론술

–

지금까지는 로마식 변론술의 3요소에 대해 알아보았다. 3가지 모두 키케로가 아리스토텔레스로부터 물려받은 변론술을 로마의 현실 정치 속에서 갈고닦으며 깨달은 지혜다.

로마식 변론술은 단순한 논리적 증명도 아니고, 단순한 선동도 아니다. 오히려 논리적 증명이자 선동인 것이다. 그런 이질적인 요소들을 결합시켜 듣는 사람을 설득해내는 것이 바로 로마식 변론술이다. 이는 **설득당하는 입장, 즉 듣는 사람이 되었을 때 누구나 보여주는 특징에 가장 능수능란하게 대처하기 위한 방법**이기도 하다. 말하자면, 인간은 논리에 따라 움직일 때에도 반드시 감정의 간섭을 받고, 거꾸로 감정에 따라 움직일 때에도 반드시 논리의 간섭을 받는 존재임을 반영한 설득 기술이다.

그런 면에서 로마식 변론술은 인간의 전체적인 특성을 고려해 완성된 것이라 할 수 있다. 즉 인간이라는 존재의 전체상을 예리하게 관찰하고, 정확하게 파악한 결과물이다.

키케로의 한마디

설득하기 위한 3요소는 논리적인 설득력, 설득하는 사람의 좋은 인상, 상대방의 감정을 움직이는 호소력이다.

주요 인물에 대한 철저한 분석

설득할 때에는 우선 목표를 확실히 정해야 한다. 앞에서 언급한 설득의 3요소도 내가 목표로 정한 상대방에게 효과를 보인다면 그것으로 충분하다.

당신은 지금 누구를 설득하려 하는가

—

물론 일대일로 설득할 때라면, 내가 설득 목표로 정한 상대방을 착각할 사람은 없다. 당연히 눈앞에 있는 사람을 설득하면 되기 때문이다. 하지만 많은 사람들이 참석한 회의라면 문제가 달라진다. 예를 들어, 이런 회의에서 자신의 제안을 통과시키고 싶다면 당연히 회의에 출석한 많은 사람들 중 결정권을 가진 자를 설득해야 한다.

하지만 냉정히 생각하면 누구나 알 수 있는 이런 사실을, 논쟁에 몰두하다 보면 잊어버리기가 쉽다. 특히 자신의 의견에 대해 다른 사람이 격하게 반론을 펼치면, 우선 그와 설전을 벌이느라 결정권을 가진 사람을 설득해야 한다는 사실을 잊게 된다. 그 결과 당연하게도 자신의 제안은 승인받지 못한다. 거꾸로 말하자면 설령 반론을 펼친 상대방에게 찍소리 못하고 물러났다 해도 결정권을 가진 사람만 설득했다면 그것은 성공이다.

'누구를 설득해야 하는가'는 절대 놓쳐서는 안 되는 설득의 출발점이다. 설득의 모든 것은 목표로 삼은 바로 그 사람을 위해 이루어져야 한다. 물론 설득해야 할 상대는 상황에 따라 제각각이다. 일대일 설득이라면 눈앞의 상대, 회의라면 결정권을 가진 사람을 설득 목표로 정해야 한다. 키케로는 법정에선 배심원, 회의에선 다른 의원들, 연설에선 그곳에 모인 청중들을 설득해야 한다고 했다. 요즘 인터넷에서 펼쳐지는 토론에서라면, 결국 그것을 지켜보는 무수한 누리꾼들을 설득해야 한다.

따라서 설득에 나설 때에는 우선 누구를 설득해야 하는지부터 확실히 해야 한다. 다시 말해 **'설득해야 할 주요 인물'을 판별해야 한다.**

목표로 하는 주요 인물의 마음을 살핀다

앞에서 설득할 때 중요한 것은 '상대방이 인정하는 올바름'이라고 강조했다. 상대방이 올바르다고 생각하는 근거를 제시해 '상대방이 올바르다고 인정하는 논리'로 자신이 주장하려는 결론까지 이끈다. 이것이 바로 로마식 변론술이 설명하는 설득의 기술이다.

이를 위해서는 상대방이 무엇을 당연하다고 생각하는지부터 알아야 한다. 키케로 자신도 법정에서 변론할 때에는 상당히 주의 깊게 설득 상대인 배심원의 마음을 살폈던 듯하다. 이에 대해선 자신의 책에서 아래와 같이 밝히고 있다.

"어렵고 중요한 소송에 임할 때에는 배심원의 마음을 움직여 내가 원하는 방향으로 이끌어가기 위해 모든 사고력과 주의력을 집중한다. 그들이 무엇을 생각하고, 느끼고, 기대하고, 바라는지를 최대한 확실히 알아내기 위해서다. 이는 변론할 때 어디로 유도하는 게 가장 좋을지 사냥개가 냄새 맡듯 필사적으로 추적하는 과정이라 할 수 있다."

설득 상대에 대해 사전에 알 수 있는 것은 모조리 머릿속에 넣어두고, 이 데이터를 근거로 위 인용문에서처럼 **'그들이 무엇을 생각하고 느끼고 기대하고 바라는지'를 생각하고 또 생각해야 한다.** 이것만이 어떤 근거를 제시해 어떤 논리와 화법으로 변론해나갈지에 대한 유일한 지침이라 할 수 있다. 일상적 설득인 경우는 제쳐두고, 심각한 설득을 해야 할 경우라면 더더욱 이런 작업에 시간을 들여야 마땅하다. 한마디로 말해 이 과정은 설득을 위한 가장 중요한 준비라 할 수 있다. 이후에 소개하는 많은 테크닉과 지식들 역시 이 과정을 전제로 한 결과라 할 수 있다.

키케로의 한마디

상대방이 어떤 유형의 사람인지를 판별하고, 그 심리를 가능한 한 상세히 분석한다.

'무엇을 말할까'와 '어떻게 말할까'

설득할 상대방이 어떤 사람인지를 판별한 뒤 심리를 분석했다면, 이제부터는 '어떻게 설득해야 할까'를 생각할 단계다. 키케로는 설득하는 과정에 대해 다음과 같이 분석하고 있다.

> "법정에서 분쟁 중일 때 우리는 2가지를 추구해야 합니다. 첫째, 무엇을 말해야 할까, 둘째, 어떻게 말해야 할까입니다."

즉 '어떻게 설득할까'를 생각하는 과정은 다음과 같은 2가지 단계로 정리할 수 있다.

❶ '무엇을 말할까'를 생각한다

❷ 1의 결과를 '어떻게 말할까' 생각한다

이 간단한 2단계의 사고법은 키케로가 많은 토론을 통해 실전 경험을 쌓으며 도출해낸 결론이다.

키케로와 동시대를 살았던 다른 변론술 교사들은 설득을 준비하는 많은 단계에 대해 구구절절 자세히 설명하고 있다. 하지만 키케로는 이에 대해 당연한 이야기를 지나치고 복잡하게 설명하고 있다고 비판하며, 위의 2단계로 정리했다.

첫 번째 단계인 '무엇을 말할까'는 설득 근거로 무엇을 제시하고, 그것을 결론까지 유도하는 논리로 어떤 것을 적용할지를 생각하는 단계다. 당연히 이때 적용하는 설득의 근거와 논리는 설득의 3요소를 만족시키는 것이어야 한다.

키케로는 자신의 저서 《변론가에 대하여》에서 설득력 있는 논리란 어떤 것인지, 상대방의 호감을 사려면 어떤 내용을 이야기하면 좋은지, 또 상대방의 감정을 불러일으키려면 무엇을 근거로 제시해야 할지에 대해 구체적으로 가르쳐주고 있다. 이에 대해서는 2장에서부터 4장까지에 걸쳐 자세히 다루어보고자 한다.

이렇게 '무엇을 이야기하는가'를 결정했다면, 다음으로 중요한 것은 그것을 '어떻게 이야기하는가'다. 즉, 결정된 주제에 대한 표현과 구성의 문제를 생각해야 한다. 예를 들어, 말하고자 하는 내용이 여러 가지일 경우 어떤 순서대로 말하면 좋은지, 불리한 재료는 어떻게 다루면 좋은지, 어떤 말투가 듣는 사람의 호감을 살 수 있는지, 반대로 어떤 식으로 이야기하면 상대방을 불쾌하게 만드는지 등을 고려해야 한다. 이에 대해서는 5장과 6장에서 다루어보고자 한다.

여기까지 키케로가 말하는 변론술의 전제가 되는 마음가짐과 기초지식을 정리했다. 다음 장부터는 그 내용에 대해 상세히 알아볼 것이다.

키케로의 한마디

'무엇을 말할까'와 '어떻게 말할까'만 제대로 알고 실행하면, 설득은 100퍼센트 성공이다.

2장

설득력을 키우는 법

논리적 설득을 위한 2대 조건

이 장에서는 설득의 3요소 중 가장 중요한 논리적 올바름에 대해 살펴보려 한다.

말 속에 숨은 미묘한 논리를 알아낸다

—

대철학자 아리스토텔레스가 '말의 올바름에 대한 학문(논리학)'을 체계화한 이후 고대 로마의 변론술에서 말이 가진 '논리적인 올바름'은 항상 연구과제였다. 사실 논리적인 설득 쪽이 '공정하기 때문'이라거나 '올바르기 때문'은 아니었다. 단적으로 말하자면 **논리적인 설득 쪽이 '설득에 효과가 있기 때문'이었다.** 감정을 부채질해 이루어낸 설득에는 어쩔 수 없는 한계가 있다. 대부분의 사람들은 감정론을 이용한 선동에 응해서는 안 된다는 인식을 기본적으로 가지고 있다. 만일 어떤 일이 선동이라고 밝혀졌을 때 비난받는 것도 다 그 때문이다.

한편 논리적인 설득의 경우는 어떨까? 사람들은 대부분 의식적으로든 무의식적으로든 '확실한 근거가 있는 주장에는 동의해야 한다'고 생각한다. 따라서 논리적인 설득법은 아주 효과가 큰 설득의 기초이며, 가장 폭넓은 계층의 사람들이 수긍하도록 만드는 힘이 있다. 따라서 진정한 설득력을 갖추고 싶은 사람은 우선 말이 가진 논리를 의식적으로 배워야 한다. 그런데 이 논리는 수학에서 다루는 것처럼 정확한 체계가 있는 기호적인 논리가 아니다. **실제 설득 장면과 부딪힐 때만 겪을 수 있는 미묘한 논리이다.**

키케로가 설명하는 로마식 변론술은 말이 가진 그런 미묘한 논리에 대한 지식의 보고다. 따라서 이것을 제대로 알면 어떤 상대라도 설득하기 위한 설득의 핵심 기술을 터득하게 될 것이다.

논리적인 설득이란

'이야기는 논리적으로' 혹은 '설명은 로지컬하게'라는 말이 있다. 도대체 대화를 '논리적이고 로지컬하게' 이끌어간다는 것은 무슨 의미일까? 한마디로 말하자면 '논리적 설득이라는 결과물을 만들어 낼 수 있는 대화법'을 뜻한다.

그렇다면 논리적 설득이란 무엇일까? 이는 무엇보다도 다음 2가지 조건을 만족시키는 화법이어야 한다.

❶ 근거가 있을 것

❷ 근거와 결론을 연결하는 올바른 논리가 있을 것

'그 근거는 무엇입니까?'에 답하는 법

논리적 설득을 위한 제1조건은 '근거가 있을 것'이다. 우리는 흔히 토론 중에 "그 근거는 무엇입니까?"라는 질문을 자주 받는다. 만일 이때 근거를 대지 못하면 논리적인 설득은 포기하는 것이 좋다. 예를 들어 다음과 같은 화법에 대해 생각해보자.

"이런 상품은 팔리지 않습니다."
"기간이 지나치게 짧은 거 아닙니까?"

이런 식의 이야기에는 논리적인 설득력이 전혀 없다. 근거를 제시하지 않고 결론부터 이야기했기 때문이다. 원래 논리란 근거와 결론을 연결하는 것이다. 따라서 근거가 없으면 논리가 만들어질 여지도 없다. 단, 근거란 무조건 제시한다고만 되는 것은 아니다. **상대방을 설득하려면 상대방이 인정하는 근거를 들어야 하기 때문이다.** 예를 들어 다음과 같은 제안을 한다고 치자.

"A사의 매상이 두 배로 늘어나고 있습니다. 우리 회사에서도 A사의 방식을 따라야 하지 않을까요?"

'A사의 매상이 두 배로 늘어나고 있다'를 근거로 설득을 시도하는 말이다. 하지만 처음부터 상대방이 'A사의 매상이 두 배로 늘어나고 있다'는 말에 의심을 품고 있다면 어떻게 되는 것일까? '매상이 두 배로 늘어나고 있는 것 같지는 않은데'라고 생각하고, 그 이후에 이야기하는 주장에 대해선 마음을 닫아버리기 때문에 설득 자체가 성립하지 않을 것이다.

따라서, 근거가 되는 사실과 견해를 제시할 때에는 상대방이 이미 납득하고 있는 것으로 준비해야 한다. 즉, 상대방이 어떤 사고방식을 지닌 사람인지를 사전에 잘 파악해서 고려하는 과정이 반드시 필요하다.

그 주장은 정말 올바를까

다음으로 논리적인 설득을 위한 제2조건을 살펴보고자 한다. 그것은 바로 '근거와 결론을 연결하는 논리가 올바른가'이다. 예를 들어 다음과 같이 말하는 경우를 상상해보자.

"우리 회사에서 필요한 사람은 지시를 기다리는 사람이 아니라, 자발적으로 일을 찾아 할 수 있는 사람입니다. 따라서 지시를 기다리는 사람을 소중히 여겨야 합니다."

얼핏 듣기에도 이상한 말이다. 그렇다면 독자 여러분은 구체적으로 어느 부분이 이상하다고 생각하는가? 잠깐 생각해보자.

자, 그럼 정답을 이야기하겠다. 이 말이 이상하게 들렸던 이유는 주장의 배후에 깔린 논리가 틀렸기 때문이다. 이 주장의 논리대로라면 '우리 회사에 필요하지 않은 사람을 소중히 여겨야 한다'가 되어버린다. 하지만 다음과 같이 고친다면, 어느 정도 설득력이 생길 것이다.

"우리 회사에서 필요한 사람은 지시를 기다리는 사람이 아니라, 어떤 일을 해야 할지 스스로 생각할 줄 아는 사람입니다. 따라서 자발적으로 일할 줄 아는 사람을 소중히 여겨야 합니다."

이 주장에서는 근거와 결론을 연결하는 논리를 정리해보면 '필요한 사람을 소중히 한다'이다. 이는 누구나 납득할 수 있는 논리이기 때문에 설득력이 생겼다.

아무리 상대방이 인정하는 올바른 근거라 할지라도 그것을 결론으로 연결하는 논리가 이상하면 설득력은 생기지 않는다. 자신이 하는 말에 설득력을 갖추고 싶으면, **이야기가 바른 논리를 따르고 있는지를 항상 의식할 필요가 있다.**

키케로의 한마디

설득력은 '상대방이 납득할 수 있는 근거'와 '바른 논리'를 갖출 때 생긴다.

말로 표현할 수 없는 논리도 있다

실제 설득 현장에서 논리는 어떤 식으로 드러나고 있을까? 답은 2가지 경우로 나뉜다. 근거와 결론을 연결하는 **설득 논리는 언어로 표현되는 경우가 있는가 하면, 굳이 언어로 표현되지 않는 경우도 있다.**

"요즈음 심리학 붐이 일고 있습니다. 심리학에 관련된 기획이 좋지 않을까요?"

"요즈음 심리학 붐이 일고 있습니다. 붐을 이루는 것은 히트 칠 확률이 높습니다. 심리학에 관련된 기획이 좋지 않을까요?"

위의 2가지 설득은 모두 '심리학 붐'을 근거로 '심리학에 관련된 기획이 좋다'는 결론을 끌어내고 있다. 어느 것이든 설득에선 문제가 없지만, 결론과 근거를 연결하는 부분, 즉 '붐을 이루는 것은 히트 칠 확률이 높다'는 논리를 확실히 말로 나타내고 있는지에서 서로 다르다.

이처럼 논리를 말로 표현해야 하는가 그렇지 않은가를 판단하는 기준은 '당연한가 그렇지 않은가'면 충분하다. 두 번째 설득이 산뜻하지 못하고 장황하게 들리는 이유는 '붐을 이루는 것은 히트 칠 확률이 높다'는 논리가 너무나 당연한 사실인데, 굳이 설명하고 있기 때문이다.

숨겨진 논리를 꿰뚫어 본다

—

아마 위와 같은 경우 실제 이야기를 나눌 때에는 '붐을 이루는 것은 히트 칠 확률이 높다'와 같은 논리는 대부분 생략할 것이다. 하지만

설득력에 대해 생각할 때에는 이 '숨겨진 논리'를 놓쳐서는 안 된다. 즉 결론과 근거가 연결된 방법을 살펴봄으로써 상대방이 펼치는 설득에 어떤 논리가 숨겨져 있는지, 혹은 자신의 설득이 어떤 논리를 기초로 하고 있는지를 의식해야 한다. 이를 위해서는 다음 장에서 소개하는 로마식 변론술의 설득 패턴을 알면 도움이 될 것이다.

키케로의 한마디

근거와 결론을 연결하는 방법을 살펴보고, 배후에 어떤 '논리'가 깔려 있는지 판별한다.

좁은 논리와 폭넓은 논리의 차이

근거와 결론을 연결하는 논리에는 여러 종류가 있다. 하지만 키케로는 설득에 사용된 논리를 크게 2가지로 나누었다. 첫째는 그 자리에서만 한정되어 사용되는 '좁은 논리'이고, 둘째는 장소에 관계없이 통용되는 '폭넓은 논리'다(좁은 논리와 폭넓은 논리는 저자가 편의상 붙인 이름이다).

그 자리에서만 적용할 수 있는 '좁은 논리'

일상에서 '좁은 논리'의 예를 찾아보면 다음과 같은 것이 있다.

- 업무일지는 그날그날 내야 한다.
- 기획회의에선 적극적으로 발언해야 한다.
- 일은 열심히 해야 한다.
- 사장의 지시를 거역해선 안 된다.

이상은 업무 현장이라는 특정 상황에서만 설득력을 가지는 한정적 논리다.

만일 어떤 회사의 간부가 다음과 같은 말을 했다고 치자.

"어제 업무일지 안 냈지? 그러면 안 돼. 업무일지는 매일 내야지."

이 주장은 특정 회사의 관습에서 생긴 '업무일지는 그날 중으로 내야 한다'는 논리를 기초로 하고 있다. 이런 **좁은 논리는 구체적인 만큼 그것이 통용되는 상황에선 강한 설득력을 발휘한다.** 부서의 팀장이 이런 요구를 할 때 반박하고 나설 부하 직원은 거의 없을 것이다. 단, 팀장의 이런 주장은 부서라는 업무 현장에서만 통하는 좁은 논리다.

토론에 익숙한 사람은 이런 좁은 논리에 대해 '내부 논리에 지배당하고 있다'고 반박할 것이다. 또, 업무일지를 쓰지 않는 다른 회사 사람이라면 '이야기가 논리적이지 않다'는 인상을 받기 쉽다.

이처럼 특정 상황에 한정된 논리는 대부분 실생활에서 저절로 터득할 수 있는 것들이다. 한 회사에 오래 근무한 사람은 사내에서 유효한 설득 논리를, 오랫동안 변호사로 활동한 사람은 재판에 유효한 설득 논리를, 정치에 오래 몸담아온 사람은 국민을 설득하는 데 유효한 논리를 어느새 터득하게 된다.

그런데 키케로가 로마식 변론술에 대해 설명할 때 중요시한 것은 이런 좁은 논리가 아니다. 그는 강력한 설득력을 갖추기 위해서는 시간과 장소를 가리지 않는, 폭넓게 적용될 수 있는 논리를 갖추어야 한다고 보았다.

어떤 상황에서도 적용할 수 있는 폭넓은 논리

—

키케로식 변론술에서는 상황을 가리지 않고 널리 쓰일 수 있는 폭넓은 논리를 중요시한다. 예를 들면, 다음과 같다.

- 같은 것은 같은 방법으로 취급해야 한다.
- 반대인 것은 반대인 방법으로 취급해야 한다.
- 어떤 그룹을 ○○하게 취급했으면, 그에 속한 것도 ○○하게 취급해야 한다.

이런 '폭넓은 논리'는 특정 상황에서만 적용되는 '좁은 논리'보다 추상적이기 때문에 다양한 상황에서도 넓게 적용될 수 있다. 아리스토텔레스의 변론술 이래 이처럼 다양한 현장에서 공통으로 쓸 수 있는 논리는 '공통 토포스'라 불리며, 변론술 역사에서 중시되어 왔다.

'폭넓은 논리'를 이용한 설득은 '좁은 논리'에 의한 설득보다 객관적이고 논리적으로 들린다. **현대에도 '말을 참 논리적으로 해'라든가 '아주 논리정연한 사람이야'라는 평가를 받는 사람들은 대부분 이런 폭넓은 논리를 사용하고 있다.**

그럼 어떻게 하면 특정 상황에 얽매이지 않는 '폭넓은 논리'를 사용한 설득에 능숙해질 수 있을까. 이를 위해서는 그런 논리를 사용한 설득 패턴을 하나하나 외워둘 필요가 있다. 따라서 다음 항목부터는 키케로가《변론가에 대하여》에서 소개하고 있는 '폭넓은 논리'를 사용한 설득 패턴들 중에서 몇 가지 중요한 것을 살펴볼까 한다(각 설득 패턴에 붙은 명칭은 독자들의 이해를 돕기 위해 저자가 붙인 것이다).

키케로의 한마디

설득력을 향상시키기 위해서는 '폭넓은 논리'를 사용한 설득 패턴이 필요하다.

설득 패턴 ❶ · 동등 논법

회사에서 상사로부터 '이 일을 3일 안에 마치게'라는 말을 들었다고 치자. 그런데 아무리 생각해도 4일은 필요할 것 같다면, 상대방을 어떻게 설득하는 것이 좋을까. 흔히 다음과 같이 말하기 쉽지만, 유감스럽게도 이 말에는 설득력이 없다.

"3일 안에는 좀 어려울 것 같은데, 시간을 더 주시겠습니까?"

왜 3일 안으로는 좀 어렵다는 것일까? 이유를 전혀 설명하지 않고 있기 때문에 '3일 안으로는 어렵기 때문에 어렵다'는 '동의반복(同義反復)'이 되어버린다. 따라서 다음과 같이 말하는 편이 훨씬 논리적이다.

"지난번에 같은 일을 했을 때 아무리 서둘러도 4일은 걸렸습니다. 조금 더 시간을 주시면 좋겠습니다."

이 말에선 로마식 변론술의 가장 기본인 설득 패턴 중 하나인 '동등 논법'을 볼 수 있다. 즉, '지난번에 같은 일을 했을 때'라는 예를 들며, '같은 것은 같은 방법으로 취급한다'는 논리로 상대방을 설득하고 있다.

같은 ○○가 이렇게 했으니 똑같이 그렇게 해주세요

–

토론이나 대화에서 화제가 되고 있는 것과 **같은 경우를 떠올릴 수 있어야 한다. 이는 설득 논리를 만들어내기 위한 기본 중 기본이라 할 수 있다.** 토론의 테마를 확인한 순간 같은 특징을 지닌 비슷한 상황이 무엇일까를 생각해내거나 자료 조사를 하면 된다.

자사의 방침에 대해 생각할 때에는 동종업을 하는 다른 회사의 방침, 어떤 일에 대해 생각할 때에는 같은 내용의 일, 어떤 트러블에 대해 생각할 때에는 비슷한 트러블 사례, 어떤 상품에 대해 생각할 때에는 비슷한 다른 상품 등에 대해 생각해본다.

이렇게 생각해낸 비슷한 사례나 사물이 어떻게 취급받고 평가받으며 변화하고 있는지를 확인하고, 그중 자신이 주장을 펼치는 데 쓸 만한 것을 고른다. 이것은 '같은 ○○가 이렇게 했으니 똑같이 그렇게 해주세요'라고 설득할 만한 근거가 될 것이다.

때에 따라 조건이 달라진다

동등 논법을 사용하기 위해 사전에 확인해두어야 할 포인트가 있다. 그것은 토론에서 다루어지는 것과 같은 예로 든 것에 의외의 차이점은 없는지 여부다. 같은 경우라고 예로 들었는데, 차이가 난다면 모순이 부각되어 설득력을 잃고 만다. 하지만 현실적으로 볼 때 '같은 것'이라 해도 완전한 일치는 불가능하기 때문에 다른 점이 보이는 것은 당연하다.

예를 들어 앞에서 이야기한 경우를 생각해보자. "지난번에 같은 일을 했을 때 아무리 서둘러도 4일은 걸렸습니다. 조금 더 시간을 주시면 좋겠습니다"라고 했을 때, 지난번의 일과 이번의 일은 '일의 내용' 면에서는 같다. 하지만 그것을 시행하는 시기도 다르고, 엄밀히 따지자면 일의 분량도 완전히 일치하지는 않는다. 일하는 곳의 환경이나 설비, 도와주는 사람조차도 다를 수 있다. 이때 중요한 것은 차이가 있는지 없는지 여부가 아니라, **차이가 있다 해도 그런 차이가 논쟁과 관련 있는지 여부다.**

만일 논쟁과 관련 있는 차이점이 보인다면, 상대방이 반박할 여지를 주게 된다. 예를 들어 다음과 같은 말을 듣게 될 것이다.

"그때와는 설비도 다르고, 인원도 다릅니다. 그러니 3일이면 될 겁니다."

따라서 같은 것을 예로 들며 설득하는 경우에는 반드시 '차이점'에도 눈길을 주어야 한다. 만일 그 차이점이 논쟁과 관계없다고 확인된다면, 안심하고 '같은 사례'를 예로 들며 설득 논리를 펼칠 수 있다.

키케로의 한마디

무엇이 무엇과 '같은지'를 확인하는 것이 설득의 기본이다.

설득 패턴 2 · 한층 더 논법

논리에 좀 더 강력한 효과를 더해주려면, '같은 것'을 예로 드는 것보다 **'~보다 큰 것 혹은 ~보다 작은 것'을 예로 들어야 한다.** 즉 '한층 더 논법'이다. 예를 들어 '이 일을 1,000만 엔의 예산으로 완성하도록'이라는 지시를 받았지만, 아무리 생각해도 1,200만 엔의 예산이 필요할 것 같다고 하자. 거듭 말하지만 이때 같은 내용의 사례를 들며 '그때는 1,200만 엔이 들어갔다'고 주장한다면, 앞에서 살펴본 동등 논법을 사용한 경우다.

'한층 더'에서 생겨나는 강력한 설득력

그렇다면 한층 더 논법을 사용하면 어떻게 될까? 보다 규모가 작은 일을 할 때 1,000만 엔보다 더 많은 돈이 들어갔던 경우를 예로 들면 된다. 이런 경우 본인이 원하는 1,200만 엔이 들어간 사례를 찾을 수 있으면, 상대방은 반박하기 어렵다. 예를 들어 이렇게 말하면 된다.

"그렇게 작은 일조차도 1,200만 엔이 들어갔습니다. 그러니 이번 일도 현실적으로 봤을 때 최소한 1,200만 엔은 필요하리라 봅니다."

이처럼 **'같은 것'을 예로 들기보다는 한발 더 나아가 '~보다 작은 것(혹은 ~보다 큰 것)이 ○○라면 이번에는 더더욱 ○○여야 한다'라는 식으로 이야기하면, 더욱 강력한 논리를 만들 수 있다.** 거꾸로 자신이 원하는 예산이 상대방이 제시한 금액보다 적으면, 위와 반대로 다음과 같이 이야기하면 된다.

"그 큰 일조차 겨우 800만 엔으로 해냈습니다. 그러니 이 일도 800만 엔으로 충분할 것입니다."

대소(大小) 비교에는 '구체적인 숫자'를 사용한다

한층 더 논법을 사용할 때에는 구체적인 숫자를 예로 제시하면 가장 효과적이다. 예를 들어 어떤 일에 대해 이야기할 때에도 그 일이 '보다 작을 경우'와 '보다 클 경우'를 나타내는 수치 데이터를 첨가한다. 걸리는 시간, 상품의 성능, 관객의 규모 등 관련된 수치를 첨가하면 논리는 훨씬 더 강력해진다.

막연히 말하는 '많고 적음', '좋고 나쁨', '높고 낮음'은 아무래도 주관적인 것이다. 이런 표현으로 일관된 주장은 반론의 여지를 남긴다. **따라서 반론을 제기할 틈을 주지 않는 객관적인 수치를 제시하면 반박당할 리스크를 줄일 수 있다.** 물론 수치 자료를 제시한다해서 상대방이 무조건 반론을 제기하지 못한다고는 단정할 수 없다. 자료를 제시하지 않은 다른 요소를 통해 반박할 수도 있기 때문이다.

앞에서 든 예와 비슷하게 "그때와 지금은 회사 상황이 많이 다르지 않나요?"라고 말한다면, 이것은 아주 강력한 의외의 반론이다. 따라서 이 논법을 사용할 때에는 비교하는 요소 이외에도 신경을 써야 한다.

덧붙여서 말하자면, 듣는 사람의 관심이 내가 제시하는 예 이외의 것으로 쏠리지 않도록 강력한 설득력을 갖추면 더욱 좋을 것이다.

키케로의 한마디

'한층 더 논법'을 사용할 때에는 비교 요소 이외의 것으로 이야기가 진행되지 않도록 주의한다.

설득 패턴 3 · 반대 논법

설득 논리를 만들기 위해선 '반대인 것'을 이용할 수 있다. '반대 논법'이라 불리는 이 방법을 사용할 때에는 '반대'라는 말의 의미를 잘 생각해서 활용하면, 아주 큰 효과를 볼 수 있다. 예를 들어 다음과 같이 말할 수 있다.

"A사가 잘 되는 이유는 상품의 질을 중시하기 때문입니다. 우리 회사가 양을 위해 질을 희생하는 것은 자살 행위입니다."

이는 전형적으로 반대 논법을 따르는 말로, **'서로 반대인 것은 상반된 결론을 낳는다'라는 논리**를 기초로 하고 있다. 앞의 예에서는 '질을 희생한다 → 잘 되지 않는다'라는 설득을 위해서 그와 반대인 '질을 중시한다 → 잘 된다'라는 사례를 들며, 설득하고 있다.

반대 논법은 사용하기 그리 어렵지 않다. 'A라면 잘 된다'고 주장하고 싶다면, 'A의 반대라면 잘 되지 않는다'에 해당하는 사례를 찾으면 된다. 또 'A라면 빨리 할 수 있다'고 주장하고 싶다면, 'A의 반대인 경우에는 늦어지기 쉽다'에 해당하는 사례를 찾으면 된다. 만일 'A라면 사야 한다'고 주장하고 싶다면, 'A의 반대인 경우엔 사면 안 된다'에 해당하는 사례를 제시하면 된다. 즉, 반대인 사례를 찾아 제시하면 충분한 논법이다.

'반대'인 것처럼 보이나 그렇지 않은 것에 주의

–

단, 이때 주의해야 할 것은 '반대'의 의미다. '반대란 무엇인가'를 철학적으로 진지하게 생각하면, 결코 쉽게 정의 내릴 수 있는 문제는 아니다. 하지만 로마식 변론술을 실천할 때는 '반대'와 관련해 다음

3가지 관계성을 혼동하지 않도록 주의하면 된다.

❶ 용기의 반대는 무모함이 아니다

우리는 흔히 '정도나 느낌의 차이'를 '반대'라 착각하기 쉽다. 예를 들어 용기와 무모함, 절약과 인색함, 농담과 못된 장난 등이 서로 반대라고 착각하기 쉽다. 이들은 긍정적인 느낌과 부정적인 느낌의 차이를 만들며 서로 대립하는 것처럼 보인다. 따라서 논쟁에 몰두하다 보면 '서로 반대가 아닐까?'라고 생각하기 쉽다. 하지만 이들은 서로 정도의 차이를 나타내고 있을 뿐 반대 의미를 지닌 말은 아니다. 예를 들어 용기가 지나치면 무모함이 되고, 절약이 지나치면 인색함이 되며, 농담이 지나치면 못된 장난이 된다. 따라서 이들은 모두 '서로 반대인 것은 상반된 결론을 낳는다'라는 논리를 만들어 낼 수 없는 조합이다. 만일 이를 무시하고 반대 논법을 사용한다면, 아래와 같은 이상한 표현이 될 것이다.

"실패하는 용기가 중요하다면, 무모해선 안 된다."

"절약해야 한다면, 인색해선 안 된다."

따라서 이런 말들은 반대 논법의 소재로 삼을 만한 관계에 있지 않다는 데 주의해야 한다.

❷ 계획의 반대는 실행이 아니다

'반대'와 '상호성'을 착각하는 일도 꽤나 흔하다. 상호성이란, '팔다'와 '사다', '계획'과 '실행', '제작'과 '판매' 등과 같이 서로가 서로를 지지해 하나의 완성된 상황을 만들어내는 것이다. 예를 들어 '팔다'와 '사다'는 '매매'로, '계획'과 '실행'은 '실현'으로, '제작'과 '판매'는 '상품 발매'로 이어진다. 함께 하나의 상황을 만들어내므로 '팔다'와 '사다', '계획'과 '실행', '제작'과 '판매'가 각각 서로 반대 관계에 있다고 볼 수는 없다.

이런 단어들의 조합에 다음과 같이 반대 논법을 적용해보면, 이 사실을 잘 알 수 있다.

"이 프로젝트를 '계획'하는 것이 좋다면, 그것을 '실행'하는 것은 나쁘다."

아무리 봐도 말이 안 된다. '계획'과 '실행'이 서로 반대가 아닌 상호 관계에 있기 때문이다. 단, 반대와 상호성 사이에는 이 2가지를 뚜렷하게 구분 짓기 어렵게 만드는 미묘하고 애매한 영역이 있다. 예를 들어 '칭찬'과 '비판'의 조합에 반대 논법을 적용하면, "그 프로젝트를 칭찬하는 것이 옳다면, 비판하는 것은 틀리다"라는 주장이 성립되는 경우도 있다. 하지만 "프로젝트를 칭찬하는 것이 좋다면, 비판도 좋은 것이다"라는 주장이 성립되는 경우도 있다.

그렇다면 반대와 상호성, 이 2가지를 어떻게 구분해서 사용해야 할까? 방법은 간단하다. 어느 쪽이 듣는 사람에게 가장 그럴듯하게 들릴지를 생각하면 된다. 설득을 위한 기준은 항상 '상대방이 납득하는가'에 있기 때문이다.

❸ '표절하다'의 반대는 '표절당하다'가 아니다

이 역시 착각하기 쉬운 부분이다. '도둑질하다'와 '도둑맞다', '표절하다'와 '표절당하다'처럼 '가해자'와 '피해자', 혹은 능동과 수동의 일방적인 관계도 반대 관계와는 다르다. 따라서 반대 논법을 사용해 아래와 같은 주장을 해도 그다지 논리적으로 들리지는 않는다.

"A사의 상품이 B사의 상품을 표절한 것이라 맹비난을 받고 있다. 그렇다면 표절당한 B사는 칭찬받아야만 한다."

"가해자가 극악무도한 사람이라면, 피해자는 분명 착한 사람일 것이다."

단, 상호성과 마찬가지로 여기에도 약간 애매모호한 영역이 존재한다. 예를 들어 다음과 같이 말할 수도 있다.

"라이벌을 따라잡는 것이 좋다면, 따라잡히는 것은 나쁘다."

듣는 사람에 따라 충분히 납득할 수 있는 말이다. 이처럼 일방적인 관계의 말들을 사용해 논리를 펼칠 때 역시 기준은 항상 '상대방이 무리하지 않고 납득할 수 있는가'에 두어야 한다.

이상 3가지 관계와 반대 관계를 구별할 줄 알게 된다면, 상대방이 펼치는 논리의 허점을 발견하는 데 큰 도움이 될 것이다.

키케로의 한마디

'반대 논법'을 이해하면, 상대방 주장의 허점을 발견하는 데 도움이 된다.

설득 패턴 ❹ · 그룹 논법

'소속된 그룹'을 예로 들며 주장하는 것도 강력한 설득 논리를 만드는 데 효과가 있다.

키케로는 '로마인', '로마인'은 '인간', '인간'은…

이 세상 모든 것은 인간이 인식할 수 있는 어떤 그룹에 속해 있다. 그리고 이 그룹은 또 다른 큰 그룹에 속하는 구조로 되어 있다. 예를 들어 키케로는 로마인이란 그룹에 속하며, 로마인이란 그룹은 인간이란 더욱 큰 그룹에 속한다. 더 나아가 인간은 동물이란 그룹에 속하고, 동물은 생물이란 그룹에 속한다. 물론 어떤 것이 어떤 그룹에 속하는지에는 무수한 패턴이 있다.

키케로라면 '로마인' 외에도 '남성', '정치가', '위인'이란 그룹에 속할 것이다. 그리고 이 그룹들 역시 각기 다른 분류 기준에 따라 보다 큰 그룹에 속해 있다. 이것은 카이사르든, 회사든, 샌들이든 세상의 모든 것에 적용될 수 있는 원리다.

'로마 시민에 선거권이 있다면'이라는 논리

어떤 물체든 개인이든 조직이든 사상이든 결국 그룹에 속하지 않는 것은 없다. 이런 사실을 설득에 이용한 것이 '그룹 논법'이다. 그룹 논법은 '어떤 그룹이 ○○하게 취급받는다면, 그에 속하는 것도 똑같이 ○○하게 취급받아야 한다'라는 논리를 이용해 설득하는 테크닉이다. 키케로를 집어넣어 그룹 논법의 예를 다음과 같이 만들어 보자.

"로마 시민에게 선거권이 있다면 키케로에게도 선거권이 있다."

이 논법은 키케로가 로마 시민이라는 그룹에 속하는 한 반론의 여지는 거의 없다. 어떤 그룹에 속해 있다는 사실이 누가 보아도 명백하다면, 이만큼 강력한 논법도 없을 것이다.

정말 그런 그룹에 속해 있는가

그룹 논법의 설득력은 '그것이 정말 그런 그룹에 속해 있는가 그렇지 않은가'에 달려 있다. 예를 들어 다음과 같이 말했다고 치자.

"합리적인 판단이 가능한 사람이라면, 이 제안을 받아들일 수는 없습니다. 새로운 사장님도 승낙하지 않을 것이 분명합니다."

이 주장의 설득력은 2가지 문제에 달려 있다. 첫째는 '합리적인 사람이라면 이 제안을 받아들이지 않을 것이다'라는 근거를 상대방이 옳다고 생각하는지 여부다. 근거가 틀리다고 생각하는 사람은 당연히 결론도 옳지 않다고 판단할 것이다.

둘째는 '새로운 사장님'이 과연 '합리적인 판단이 가능한 사람' 그룹에 속하는지 여부다. **그룹 논법에선 이런 소속 관계가 중요한 쟁점이 된다.** 속해 있으면 당연히 이런 주장은 올바른 것이 되고, 속해 있지 않으면 틀린 것이 된다.

따라서 논리적으로 완벽한 그룹 논법을 사용하고 싶다면, 자신이 예로 들고 있는 그룹의 소속 관계를 상대방이 어느 정도까지 명백한 것으로 받아들이고 인정해주는지를 확실히 알아야 한다. 상대방이 소속 관계를 명백한 것으로 인정하면 아무런 문제가 없다. 하지만 상대방이 조금이라도 미심쩍어한다면, 신뢰를 불러일으킬 만한 근거를 마지막에 따로 한마디 덧붙이는 것이 좋다. 예를 들어 "왜냐하면 우리 새로운 사장님은 합리적인 분이기 때문입니다"라고 말하는 것이다.

키케로의 한마디

'그룹 논법'을 사용할 때 예로 든 소속 관계가 명백하다고 듣는 사람에게 인식되면, 강력한 설득력을 만들어낸다.

설득 패턴 ❺ · 결과 논법

대화나 논쟁에서는 종종 '이런 원인에는 이런 결과'라는 인과 관계가 등장한다. 이처럼 원인과 결과의 연결은 관계를 결정짓는 중요한 특징 중 하나로서 당연히 논쟁에도 이용된다. '결과 논법'은 그런 인과 관계를 이용한 기술이다. 예를 들어 다음 한마디를 살펴보자.

"배가 아픈 것은 음식이 나빴기 때문이 아닐까?"

여기서 볼 수 있는 것은 **'결과가 ○○라면, 그 원인은 역시 ○○다'**라는 논리다. 즉 '좋은 결과를 내는 원인은 좋은 것이고, 나쁜 결과를 내는 원인은 나쁜 것'이라는 식으로 결과를 예로 제시해 원인을 평가하는 논리다.

결과를 언급하면 설득력이 생긴다

토론이나 업무상 회의에서는 어떤 평가가 주제로 떠오르는 경우가 많다. 예를 들어 상품을 좋다고 평가할 경우엔 어떤 식으로 말하면 가장 효과가 클까?

"이번에 출시된 상품은 친근한 콘셉트로 디자인도 멋지고, 기능 면에서도 타사 제품보다 훨씬 뛰어납니다. 아주 훌륭한 제품입니다."

무난한 설명이지만, 논리적으로는 박력이 부족한 느낌이 든다. 이런 경우에도 차라리 결과를 먼저 제시하며 주장하면 좋을 것이다. 예를 들어 다음과 같이 말해본다.

"이번 우리 회사 상품은 폭넓은 고객층에게 인기를 끌어 막대한 이익을 남겼습니다. 아주 훌륭한 상품입니다."

상품이 출시된 결과를 예로 들어주니 훨씬 설득력이 있어 보인다. 결과 논법의 효과 덕분이다. 좀 더 자세히 설명해보자면 '이번 우리 회사 상품'은 원인, '막대한 이익'은 그 결과다. 결과가 '막대한 이익'이라는 '플러스(+)'인 이상, 원인인 '우리 회사 상품'도 '대성공(플러스)'이라고 평가할 수 있는 경우다.

비즈니스의 기본이 되는 '성숙한 사고방식'

우리가 어떤 평가를 할 때 그것이 어떤 결과를 가져왔는지, 혹은 가져왔다고 주장할 수 있는지에 주목해야 한다. 이것은 한 사람의 성숙한 사회 구성원으로서 살아가기 위해 반드시 필요한 사고방식이다.

아무리 동기가 숭고하고 과정이 순조로워도 결과가 나오지 않으면 소용없다. 이것은 우리가 그것을 좋아하든 싫어하든지에 상관없이 사회 구성원들이 암묵적으로 인정하는 상당히 중요한 가치관이다. 따라서 설득에 임할 때에는 가능하면 결과를 제시하는 논리 구조로 주장을 펼쳐야 한다. 이와 같은 논리 기법을 익혀두는 것은 설득의 기술에서 필수라 할 수 있다.

키케로의 한마디

'그 결과가 어떠했을까'를 강조하면 설득에 추진력이 생긴다.

설득 패턴 ❻ · 원인 논법

바로 앞에서 언급한 결과 논법은 결과를 바탕으로 원인을 평가했기 때문에 '결과→원인'이라는 방향성을 가지고 있다. 그런데 같은 인과 관계를 사용한 논법이지만, 거꾸로 '원인→결과'라는 방향성을 가진 논법도 있다. 바로 '원인 논법'이다.

때로는 '도덕적인 말투'도 필요

원인 논법이 만드는 논리는 '원인이 ○○라면 그 결과도 역시 ○○'이다. 즉 '좋은 원인이 만든 결과는 좋은 것이다' 혹은 '나쁜 원인으로부터 나온 결과는 나쁜 것이다'라는 논리다. 구체적인 예를 들자면 다음과 같다.

"우리 회사 상품 판매법은 비즈니스상 올바르지 못했습니다. 결과적으로 회사에 이익을 가져다주긴 했지만, 앞으로 모범이 된다고 할 수는 없습니다."

논리적으로는 '상품 판매법'이 원인이고, '우리 회사의 이익'이 결과이다. 상품 판매법이 올바르지 못했기 때문에(마이너스), 그로부터 생겨난 결과인 '우리 회사의 이익'도 '모범이 될 수 없다(마이너스)'고 평가하고 있다.

바꾸어 말하면, 이 논법에선 결과 이상으로 '바른 수단', '바른 목적', '바른 콘셉트', '바른 프로세스'를 중시한다고 볼 수 있다. 원인이 어떤 것인지를 중시하는 이런 논법은 결과를 중시하는 업무 현장에서는 체면치레나 겉치레의 느낌을 줄 수 있다.

하지만 그렇다고 해서 이 방법이 대화나 논쟁에서 설득력을 갖지 못하는 것은 아니다. **현실에서는 체면치레나 겉치레가 중요한 대화**

나 토론 현장도 있기 때문이다.

여담이지만, 구글에서는 사원들이 지켜야 할 기본 방침 중 하나가 '악마가 되지 말 것Don't be evil'이다. 이 말은 '악마 같은 나쁜 수단으로 벌어들인 돈은 가치가 없다'는 뜻을 내포하고 있다. 전형적으로 원인 논법에 충실한 주장이라 할 수 있다.

대부분의 경우 원인은 하나가 아니다

결과를 제시할 것인지 원인을 제시할 것인지는 어느 쪽이 상대방에게 설득력을 가지는지에 따라 결정하면 된다. 단, 그런 결정을 내리기 전에 주의해야 할 것이 있다. 현실에서 사건(결과)의 원인은 대부분 하나가 아니라는 사실이다. 예를 들어 'A사가 불상사를 은폐하고 있다'라는 마이너스 사건(결과)이 있다고 하자. **그 원인은 보통 하나가 아니라 여러 가지라고 생각할 수 있다.**

A사 근무 분위기의 문제인지, 은폐한 사람의 자질 문제인지, 아니면 외부로부터 어떤 압력이 있었는지를 살펴보아야 한다. 만일 그런 과정 없이 편하게 '근무 분위기(원인)'→'불상사 은폐(결과)'라고 인과 관계를 만든 뒤 다음과 같이 결정 내렸다고 하자.

"이번 은폐 사건은 A사의 근무 분위기가 원인이다."

이런 성급한 '결과 논법'은 '은폐한 사람의 자질에 문제가 있지는 않은가?', '업계의 관습적인 문제는 아닌가?'라는 반론과 함께 공격받게 될 것이다.

인과 관계의 분별은 신중하게

인과 관계를 내세울 때에는 하나의 결과에 대해 존재하는 여러 가지 원인을 가능한 한 미리 전부 열거해두는 게 좋다. 그리고 자신이 예로 드는 원인이 다른 것들보다 중요하다는 것을 뒷받침할 자료를 준비해두어야 한다.

예를 들어 앞의 사례 같은 경우에는 '은폐한 사원은 우수하고 선량한 사람이다', '업계의 관습에 비추어볼 때에도 예외적인 사태이다' 등과 같은 주장을 미리 마련해두면, 만반의 준비를 갖추었다 할 수 있다.

키케로의 한마디

체면치레나 겉치레가 중요한 자리에서는 '원인 논법'이 효과적이다.

설득 패턴 ❼ · 분할 논법

어떤 주장을 펼칠 때 주제를 몇 부분으로 나누어 생각해보는 것을 '분할 논법'이라 한다. 상대방이 이해하기 쉽도록 할 때 아주 효과적인 방법이다.

몇 가지 요소로 나누는 '분할 논법'

'큰 주제를 나누어 생각하는 것'은 누구에게든 친숙한 방법이다. 그만큼 상대방을 설득할 때 효과가 큰 방법이기도 하다. 예를 들어 다음과 같이 말할 수 있을 것이다.

"상품이 팔리는 조건에는 3가지가 있습니다. 첫째는 시장의 니즈, 둘째는 그에 부응하기 위한 품질, 셋째는 적절한 가격 설정입니다.

첫 번째 조건이라면, 지금 보고 계시는 자료처럼 상당한 니즈가 있습니다. 두 번째 조건인 품질에 대해서라면 여러분께서 이미 알고 계시는 것처럼 불만을 품을 여지가 없을 정도로 훌륭합니다. 세 번째 조건인 가격 설정도 가능한 선까지 최대한 싼 가격으로 조정했습니다. 따라서 이번 상품은 상당히 기대할 만하다고 생각합니다. 여러분은 어떻게 생각하십니까?"

이 말을 논리의 흐름에 따라 도식화해보면, 아래와 같을 것이다.

"팔리는 조건을 일단 3가지로 나눈다. → 3가지 각각을 만족시키고 있다. → 조건을 모두 만족시키고 있으므로 잘 팔릴 것이라고 결론 내린다."

이처럼 '어떻게 하면 팔릴까'와 같은 복잡한 이야기도 **몇 가지 요소로 나눔으로써 듣는 사람이 이해하기 쉬운 방향으로 설명할 수**

있다. 이때 적용되는 것은 '개개의 결론을 합치면 전체의 결론이 된다'라는 논리다.

극단적인 선택지를 제시해 설득하는 법

분할 논법에는 선택지를 분할하는 패턴도 있다. 예를 들어 다음과 같이 말할 수 있다.

> "이 사태를 헤쳐 나가는 방법은 2가지밖에 없습니다. '상대방에게 먼저 머리를 숙이고 물러나든가, 흥하든 망하든 상품을 발매하든가'입니다. 하지만 이제 와서 항복은 무리입니다. 그렇다면 결국 상품을 발매해 승부를 거는 수밖에 없습니다."

현재 눈앞에 닥친 상황을 헤쳐 나가는 방법을 '항복'과 '발매' 2가지로 나누어 그중에서 어느 한쪽을 선택하도록 유도하는 이야기이다. 이처럼 분할 논법에는 주제를 몇 가지 요소로 나누는 법과 어느 한쪽을 선택하도록 만드는 법이 있다. 그런데 어느 쪽을 사용하든 문제를 분할해서 바라볼 때에는 주의해야 할 점이 있다.

빠뜨리는 것이 없도록 주의!

분할 논법을 사용할 때에 가장 주의해야 할 점은 분할 요소에 누락되는 것이 없도록 해야 한다는 것이다. 예를 들어, '어떻게 하면 다른 사람을 설득하는 것이 가능할까'를 두고 토론할 때 분할 논법을 사용해 다음과 같이 말한다고 치자.

> "다른 사람을 설득하기 위한 요소는 2가지로 나뉩니다. 첫째는 논리, 둘째는 감정을 불러일으키는 호소력입니다. 어느 쪽과 관련해서든 충분한 자료가 있다면, 설득은 성공할 수밖에 없습니다."

그런데 이 말을 들은 상대방이 "그렇지 않습니다. 누가 그 이야기를 하는지도 중요합니다"라고 **빠뜨린 분할 요소를 들어 반론하면, 그때까지 공들여 펼친 주장은 단숨에 허사가 되고 만다.** 따라서 분할 논법을 사용할 때에는 대화나 토론의 주제에 대해 미리 잘 파악해두고, 분할할 때 빠뜨리는 요소가 없도록 신중해야 한다.

물론 열띤 토론 현장에서는 분할한 결과 자신에게 불리한 요소가 나왔다면 이를 일부러 빠뜨리는 전략도 필요하다. 다만 그런 경우에도 상대방이 빠뜨린 요소를 알아차리고 지적할 경우를 대비해 반론할 채비는 해두어야 한다.

키케로의 한마디

선택지를 제시하면 명쾌하고 이해하기 쉬운 주장을 할 수 있다.

설득 패턴 ❽ · 증언 · 증거 논법

증언과 증거는 설득을 위해 반드시 이용하고 싶은 요소다. 키케로는 설득을 위해 이용 가능한 재료로서 다음 2가지 종류를 들고 있다.

❶ 이야기하는 사람 스스로 만들어낼 수 있는 것… 논리와 표현 등

❷ 이야기하는 사람이 만들어낼 수 없는 것… 신뢰할 수 있는 증언과 견해,

증거 등

1번은 말하자면 '토론 내부'에서 만들어지는 것이다. 설득을 위한 논리와 표현은 이 책에서 다루는 로마식 변론술에 대한 지식만 있으면, 그때그때 적절한 것을 스스로 만들어낼 수 있다. 하지만 2번은 외부로부터 가져와야 하는 것이다. 예를 들어, '전문가도 나랑 같은 의견'이라고 말하면서 자기주장의 설득력을 높이려 할 때 '전문가의 의견'은 함부로 만들어낼 수 있는 것이 아니다. 만일 이것을 스스로 만들어낸다면, 청중(듣는 사람)에게 거짓말을 하는 셈이 되고 만다.

이처럼 스스로 만들어낼 수 없는 외부 재료를 이용하는 것이 '증언·증거 논법'이다.

사람은 믿을 만한 상대방이 주는 정보만 신뢰한다

다음은 전형적으로 증언·증거 논법에 충실한 말이다.

"이 시기의 투자는 좋지 않다고 전문가는 말하고 있습니다. 역시 투자하지 않는 편이 좋겠습니다."

'투자해야 하는지 말아야 하는지'에 대해 구체적으로 논의를 진행시키는 것이 아니라, 외부 '전문가'의 말을 예로 들며 설득하고 있다. 여기에 사용된 논리는 **'신뢰할 수 있는 정보로부터 생겨난 논리는 올바르다'**이다.

'전문가의 의견은 옳다', '권위 있는 책에 쓰인 내용은 옳다', '정직한 목격자의 의견은 옳다'와 같은 사고방식이 절대적으로 옳은 것은 아니다. 하지만 어느 정도 타당성을 가지기 때문에 사람들이 판단의 기준으로 삼기 쉽다.

'재료'를 선택할 때의 포인트

이 논법에 사용할 수 있는 재료는 권위 있는 책과 논문이나 기사, 신뢰할 수 있는 사람의 말, 전문가의 말, 훌륭한 사람의 말, 법률 조문, 증언, 증거 물건 등 여러 가지가 있다.

이들 중에서 설득을 위한 재료를 선택할 때의 포인트는 **어쨌든 듣는 사람에게 신뢰감을 주어야 한다는 것이다.**

'○○도 이렇게 이야기하고 있다', '○○에 그렇게 쓰고 있다' 등과 같이 주장했을 때 듣는 사람이 ○○를 신뢰하고 있지 않으면, 설득은 실패한다. 즉, 여기서도 가장 중요한 것은 듣는 사람의 관점이다. 듣는 사람이 어떤 사고방식의 소유주인지, 현재 어떤 입장에 처해 있는지에 따라 무엇을 신뢰할 수 있는지는 달라진다.

키케로의 한마디

상대방이 무엇을 신뢰하는지를 알면 설득은 쉬워진다.

어떤 상황에서 어떤 논법을 사용할 것인가

지금까지는 설득 논리를 만들기 위한 여러 가지 논법에 대해 설명했다. 이제 마지막으로 '어떤 상황에서 어떤 논법을 사용할 것인가'에 대해 생각해보고자 한다.

미리 정답을 알 수는 없다

결론부터 말하자면, 이 문제에 대한 정답은 없다. 실전을 거듭하는 가운데 경험으로 터득해야 한다. '이런 설득 패턴은 이런 경우에 사용해야 한다'라고 미리 정해두는 것은 위험한 일이다. 현실은 너무 복잡하고 다양한 사건이 수시로 발생하기 때문이다. 미리 정해둔 패턴을 적용할 수 없는 일이 반드시 생길 것이다.

누군가를 설득한다는 것은 중·고등학교 시절에 수학 문제를 풀던 것과는 다르다. 따라서 '이 문제에는 이 방정식을 사용하면 된다'라는 식의 발상은 통하지 않는다. 우리가 설득하려는 주제나 목적이 그때그때 달라지기 때문이다. 아무리 비슷해 보이는 대화나 토론도 자세히 들여다보면, 미묘한 부분에서 차이가 난다. 그리고 그런 작은 차이가 대화나 토론의 흐름을 치명적으로 바꾸기도 한다는 것을 알 수 있다.

인간의 실천적 지혜란

설득 패턴이 매우 다양하다고 해서 지나치게 걱정할 필요는 없다. 인간의 두뇌는 복잡한 현실의 문제를 해결할 수 있도록 발달해왔기 때문이다. **인간에게는 현실을 파악하고 대응할 수 있는 본능적인 감각 같은 것이 있다고도 볼 수 있다.** 철학에선 이것을 프로네시스 혹은 실천이성이라고 하며, 인간은 누구나 이런 지혜를 지니고 있다고 본다. 키케로는 이런 지혜를 평범한 재능이라 불렀다.

> "어떤 종류의 증명이 어떤 종류의 안건에 최적일까를 일일이 가르쳐주는 고등학문은 없다. 이를 판단하기 위해선 평범한 재능만 있으면 된다."

키케로의 말대로 평범한 재능만 있으면 어떤 논법을 사용해야 할지는 충분히 알 수 있다. 그렇다면 이 평범한 재능을 갖추기 위한 방법을 알아보자.

의식하는 것만으로도 '무기'는 늘어난다

논법에 익숙해지기 위해서는 어쨌든 사용해보는 것이 가장 중요하다. 아무리 야구 기술에 대한 지식이 풍부한 사람이라 해도 실제로 연습과 시합을 경험하며 단련해야만 선수가 될 수 있는 것과 마찬가지다.

이를 위해 가장 먼저 해야 할 일은 앞에서 살펴본 논법들을 머릿속에 넣어두고, 매일 상대방과 대화나 토론을 하며 의식적으로 논법에 대해 생각하는 것이다. 예를 들어 '아, 이 사람이 하는 말의 배후에는 이런 논법이 있구나' 혹은 '지금 내가 하는 주장은 이런 논법을 기초로 하고 있구나' 하고 의식하는 연습이 필요하다.

이런 과정을 되풀이하다 보면 각각의 논법에 대한 지식도 깊어지고, 각각을 분별해 사용할 수 있는 능력도 갖추게 된다. 로마식 변론술에 사용되는 논법들은 모두 이런 과정을 통해 자신만의 무기로 만들 수 있다. 따라서 키케로가 가르쳐준 논법을 실전에서 사용할 무기로 단련하고 싶은 사람은 우선 경험부터 쌓아야 할 것이다. 이에 대해 키케로는 이렇게 강조했다.

"자신이 원하는 것이 무엇인지, 즉 논법을 무기로 삼으려는 이유가 단순히 게임을 즐기기 위해서인지, 아니면 실전에 써먹기 위해서인지 확실히 분별해둘 필요가 있다."

키케로의 한마디

설득의 기술을 실제 상황에서 사용함으로써 점점 기량이 늘어간다.

3장

호감을 얻는 기술

상대방이 꿰뚫어 보면 패배

1장에서도 언급했듯이 상대방을 설득하기 위해서는 3요소가 필요했다. 여기서 잠깐 이에 대해 복습을 해볼까 한다.

❶ 논리적인 설득력

❷ 설득하는 사람의 좋은 인상

❸ 상대방의 감정을 움직이는 호소력

1번에 대해서는 이미 앞에서 설명했다. 앞 장에서 말했듯이 듣는 사람이 인정하는 근거를 제시해 듣는 사람이 올바르다고 생각하는 논리를 바탕으로 이야기함으로써 자연스럽게 '논리적인 설득력'이 생겨난다. 이것은 로마식 변론술이 설명하는 설득의 가장 큰 기둥이다. 효과적인 설득을 위해서는 이 기둥이 그대로 드러나지 않도록 장식으로 잘 덮어 위장하는 기술이 필요하다. 이때 문제가 되는 것은 2번과 3번이다. 즉, 설득하는 쪽인 자신이 주는 좋은 인상과 상대방의 감정을 움직이는 호소력을 갖추어야 하는데, 이것이 쉽지가 않다. 상대방의 호감을 얻고 감정을 부채질하기 위한 연습과 노력이 필요하다. 이처럼 **듣는 사람의 감정에 대한 배려나 호소를 중요시하면서 설득 기술을 확립한 것도,** 현실이라는 녹록치 않은 환경 속에서 오랜 시간 동안 연마되어온 로마식 변론술의 진면목이라 할 수 있다.

'감정에 호소하는 것'처럼 보이면 반감을 품는다

—

키케로는 설득에 감정적인 요소를 이용할 때에는 다음과 같아야 한다고 강조했다.

"가르치고 이끌어 좋은 방향으로 나아가려 한다는 것 이외에는 아무것도 바라지 않는다는 인상을 주어야 한다."

물론 이때 가르치고 이끈다는 것은 논리적인 설득을 뜻한다. 즉, 상대를 설득할 때에는 설득 이외에는 아무것도 바라지 않는다는 태도로 이야기를 진행해야 한다. **'호감을 사려 한다'거나 '감정을 부채질하려 한다'는 의도를 눈치채도록 해서는 절대 안 된다.** 듣는 사람이 이 사실을 아는 순간 호감 대신 반감을 느끼고 감정의 문을 닫아버릴 것이다.

왜 그런 것일까. 사람은 누구나 이성적인 판단을 가치 있게 여기고 감정적인 판단을 부끄럽게 여기는 성향이 있기 때문이다. 따라서 자신의 감정이 조종당하고 있다고 느끼면, 순간적으로 반감을 느끼게 된다. 따라서 이런 감정적인 요소를 이용하려면 티가 나지 않게 해야 한다.

감정적인 말투는 역효과

근거와 논리가 잘 갖추어진 말투로 설득해야만 상대방은 들어줄 마음이 생긴다. 이것은 어려운 설득일수록 더욱 그러하다. "내가 그렇다면 그런 거야!"라는 설명이 통하는 것은 자신에게 강한 힘이 있거나 상대방이 처음부터 잠재적으로 찬성하고 있을 경우뿐이다.

따라서 (아주 특수한 경우이긴 하지만) 상대방에게 자신의 주장이 받아들여지도록 설득할 근거나 논리 없이 오로지 호감을 얻고 감정에 호소해 승부를 보아야 할 경우라 해도 절대로 '논리적인 말투'를 버려서는 안 된다.

"저 녀석은 나쁜 놈이야. 그러니 저 녀석이 하는 말 따위는 들을 필요도 없어!"

이런 식으로 **감정적인 말투를 사용하면, 듣는 사람의 감정은 대부분 따라서 움직이기는커녕 오히려 반감을 보인다.** 상식 있는 성숙한 인간으로서 이런 말투를 사용하면, 꼴사납기까지 하므로 가령 같은 말이라 해도 다음과 같이 논리적인 체계를 갖추어야 할 필요가 있다.

"그 사람이 저지른 불상사는 알고 계시지요(근거)? 하나를 보면 열을 압니다(논리). 그가 이번에 제시한 의견에도 무언가 숨은 의도가 있을 겁니다(결론)."

앞에서 이미 언급했듯이 '논리' 부분은 생략할 수 있다. 그리고 한 가지 더 반복해서 말하자면, 설득할 때 감정적인 요소는 논리의 그

늘에 숨겨놓고 사용해야만 효과가 있다.

그럼 이것으로 기초 설명은 마무리하고, 실천 편으로 넘어가볼까 한다. 우선 이번 장에서는 키케로가 설명하는 '좋은 인상을 주는 방법'부터 살펴볼 것이다.

키케로의 한마디

상대방의 감정에 호소할 때일수록 '논리적인 말투'를 사용해야 한다.

호감을 사기 위한 3요소
품격·공적·평판

키케로는 설득 상황에서 어떤 주장을 할 때 호감을 얻는 것이 얼마나 중요한지를 노골적으로 강조하고 있다. 그는 "내가 일단 청중(듣는 쪽)의 호감을 얻어야 하고, 그에 더해 나와 반대 의견을 펼치는 상대방은 비호감인 상태일 때 효과적인 설득이 이루어진다"라고 했다. **듣는 사람의 호감을 얻은 사람이 하는 말은 신용을 얻고, 듣는 사람의 호감을 얻지 못한 사람이 하는 말은 신용도 얻**

지 못하기 때문이다.

물론 이것은 논리적으로는 이상한 이야기다. 올바른 내용은 좋은 사람이 말하든 나쁜 사람이 말하든 올바른 것이기 때문이다. 하지만 현실적으로 사람들이 받아들일 때는 그렇지 않다는 것이 문제다. 설득에 성공하고 싶은 사람이라면, 이런 현실을 개탄하기보다는 대처해야 한다. 그리고 이런 혹독한 현실 속에서 다듬어진 것이 바로 키케로식 변론술이다.

어떤 사람이 호감을 사는가

과연 어떻게 하면 듣는 사람의 호감을 살 수 있을까. 키케로는 호감을 사는 데 중요한 요소로 다음 3가지를 들고 있다.

❶ 말하는 사람의 품격

❷ 말하는 사람의 공적

❸ 말하는 사람의 평판

즉, 어떤 주장이 받아들여지려면 그 주장을 펼치는 사람에게 어느 정도 품격이 감돌고, 공적과 평판이 따라야 한다. 그리고 더욱 중요한 것은 듣는 사람이 이 3가지 요소들을 자연스럽게 알아차릴 수 있도록 해야 한다는 것이다.

자연스럽게 '유능하고 좋은 사람'으로 보이는 법

—

우선은 공적과 평판에 대해 이야기하자. 키케로는 자신의 공적이나 평판에 대해 스스로 언급하는 방법을 그다지 자세히 설명하고 있지는 않다. 당시 지성인들에겐 너무나 당연하고 사소한 일이라 생각했기 때문일 것이다. 단, 키케로식 변론술 전체로부터 이 방법을 추론해낼 수는 있다. 적어도 다음 2가지는 확실히 키케로가 즐겨 쓰는 방법이다.

❶ 여담 속에 섞어 넣는다

"제가 예전에 경험했던 일에서는 ○○였습니다. 따라서 ××입니다."

"월가에서 경험한 사례 중 이런 것이 있습니다."

❷ 첫머리에 말한다

"저도 이 일을 오래 해왔습니다만…"

"일단 전문가 입장에서 말씀드리자면…"

이처럼 자신의 공적이나 평판을 드러내는 말은 티 나지 않게 자연스럽게 섞어 넣어야 한다. 만일 이런 말이 두드러지게 드러나면 오히려 지나친 자기과시로 보여 역효과가 날 것이다. 이런 사정은 시공을 초월해 키케로가 살았던 로마에서도 마찬가지였다. 키케로도 당시 정계의 수장인 집정관으로 있을 때 국가전복계획을 막아낸 일을 매번 의회(원로원) 같은 곳에서 자랑하듯 이야기하는 바람에 주위 사람들을 진저리 나게 만든 일이 있었다.

키케로는 귀족 출신이 아니었기 때문에 자신의 공적을 이야기함으로써 존재감을 드러낼 필요도 있기는 했다. 하지만 변론의 명수인 그조차도 이런 면에선 능수능란하게 대처하기 어려웠던 것으로 보인다.

인품이 좋아 보이는 것이 호감을 얻기 위한 기본

–

눈앞에서 내 이야기를 듣고 있는 사람을 설득하기 위한 3요소 중 공적과 평판을 갖추지 못했다면, 이에 대해선 어쩔 도리가 없다. 물론 어떤 공적이나 평판이 있는 것처럼 꾸며낼 수는 있지만, 이것은 상당히 위험한 일이다. 누군가 검증을 하게 되면 거짓이라는 게 금방 들통나기 때문이다. 이에 대해 키케로는 다음과 같이 말했다.

"없는 것을 있는 것처럼 꾸며내기보다는 있는 것을 더욱 근사하게 꾸미는 것이 좋다."

즉, 공적이나 평판은 조금씩만 과장해서 말하는 정도로 만족해야 한다. 하지만 품격에 대해서라면 이야기가 달라진다. 품격은 설득 과정에서 얼마든지 좋아 보이도록 만들어낼 수 있다. 따라서 상대방에게 호감을 사 효과적인 설득을 하려면 품격을 느끼게 하는 이야기법을 몸에 익혀야 한다.

키케로의 한마디

자신의 공적이나 평판은 어디까지나 티가 나지 않도록 자연스럽게 드러내야 한다.

온화한 말투가 품격을 낳는다

상대방의 호감을 사려면 말투에서 품격이 느껴지도록 하는 것이 중요하다. 이때 '품격'이란 고상함이나 우아함만이 아니라 좀 더 폭넓게 '좋은 성격'을 의미한다. 그럼 상대방에게 '성격 좋은 사람'으로 인식되려면 어떻게 해야 할까. 결론부터 말하자면 온화한 어조가 절대적인 조건이다.

온화한 목소리, 조심스러운 표정, 정중한 말투로 이야기한다

설득하려고 이야기하는 중에 목소리가 거칠어지거나 자신과 반대되는 의견을 비난하거나 천박한 말투를 사용하는 행위는 마이너스 효과밖에 나지 않는다. 예를 들어 다음과 같이 말한다고 상상해보자.

"저 녀석이 하는 짓은 용서할 수 없어. 그러니까 너도 저 녀석 말에는 반대해야 해!"

상대의 감정을 부채질하는 것만이 목적이라면 이야기하는 사람이 감정적으로 말하는 것도 어느 정도 도움이 될 수는 있다. 하지만 일반적인 설득 현장에서 그런 모습을 보이면 오히려 역효과를 볼 뿐이다. 단적으로 말해 무시당하거나 바보 취급당할 수도 있다. "감정적으로 말하지 마", "앞뒤가 맞지 않으니까 큰 목소리로 얼렁뚱땅 넘어가려는 거군", "반론이 허를 찔렀나 보군"과 같은 말을 들을 수도 있다.

거꾸로 온화한 말투를 사용하면 아무리 심도 있게 비판한다 해도 중상모략으로 들리지는 않게 만들 수 있다. **온화한 말투의 효과는 너무나 강력해 말도 안 되는 내용으로 설득할 때조차도 귀에 거슬리지 않게 할 수 있다.** 이에 대해 키케로는 다음과 같이 말한다.

"온화한 목소리로 조심스러운 표정을 지으며 정중한 말투로 이야기한다면, 좀 심한 주장을 할 경우에도 어쩔 수 없이 그런다는 인상을 줄 수 있다."

12가지 '좋은 성격'

키케로는 자신의 저서《변론가에 대하여》에서 어떤 성격을 지닌 사람이 상대방에게 품격을 느끼게 하는지를 열거하고 있다. 즉, 설득할 때 호감을 얻을 수 있는 좋은 성격에 대해 설명하고 있다.

다음은 로마 의회나 법정에서 변론하며 말을 무기로 삼아 수많은 전쟁을 치렀던 키케로가 정리한 좋은 성격의 특징이다. 자신의 경험을 살려 실제 인물들을 떠올리며 만든 것이기에 독자들에게도 많은 참고가 될 것이다.

❶ 붙임성이 있다

❷ 관대하다

❸ 온화하다

❹ 의무감이 강하다

❺ 물건을 탐내지 않는다

❻ 탐욕스럽지 않다

❼ 성실하고 정직하다

❽ 겸허하다

❾ 날카롭고 예리한 비판을 하지 않는다

❿ 고집부리지 않는다

⓫ 싸움을 좋아하지 않는다

⓬ 잔혹하지 않다

다시 말해 설득할 때 상대방으로부터 호감을 사려면, 이야기 내용이나 말투에서 위와 같은 요소가 느껴지도록 해야 한다. 따라서 설득을 잘하려면 이런 요소들을 갖추기 위해 어떻게 해야 할지부터 연구해야 한다. 또 이 모든 것을 갖춘 뒤 듣는 사람에게 잘 전달하려면, 대전제가 되는 것이 온화한 말투라는 것도 항상 명심해야 한다.

키케로의 한마디

항상 온화한 말투로 이야기하면 호감도는 확실히 올라간다.

로마식 인신공격법

앞에서 열거한 요소들은 듣는 사람으로부터 호감을 얻을 수 있는 '좋은 성격'의 특징이다. 이에 대해 키케로는 다음과 같이 말하고 있다.

"토론 상대방이 이와 반대되는 성격의 소유자라는 인상을 줄 필요가 있다."

이것은 청중들 앞에서 토론할 때 쓸 수 있는 방법이다. 키케로는 이럴 때는 토론 상대방이 청중으로부터 비호감을 사도록 만들어야 한다고 했다. 즉, 앞에서 열거한 '좋은 성격'의 특징과 정반대의 특징을 예로 들며 '나쁜 성격'의 소유자임을 강조하라고 권하고 있다. 좀 더 정확히 말하자면 때로는 인신공격도 하라고 추천하고 있다.

설득과 토론에 인신공격은 으레 따라다니는 것

인신공격이라 하면, 논리적으로 이야기할 때보다는 간단할 것이라 생각하기 쉽다. **하지만 인신공격에도 지켜야 할 룰이란 것이 있는 법이다.** 현대인들의 상식으로 판단할 때 토론에 인신공격법을 사용하는 것은 비겁한 일이다. 하지만 그것은 겉으로 드러난 상식일 뿐이고, 속사정은 전혀 다르다.

이것은 TV, 인터넷, 잡지 등에서 현재 행해지는 토론을 잘 관찰하면 쉽게 알 수 있다. 누군가 특정 인물의 의견을 비판하는 것을 잘 관찰해보라. 논리적인 주장을 하면서도 종종 그 사람 자체를 공격하는 듯한 내용이 포함되어 있을 것이다. 이것이 의식적으로 행해진 것이든, 무의식적으로 행해진 것이든 고대 로마로부터 지금에 이르기까지 '설득과 토론에 인신공격은 으레 따라붙는다'는 사실에 주목해야 한다.

2가지 종류의 인신공격

키케로는 토론할 때 인신공격의 사용법에 대해서도 반드시 알아두어야 한다고 강조했다. **인신공격이란 듣는 사람이 적에 대해 가지고 있는 호감을 비호감으로 바꾸기 위한 것**으로, 키케로는 다음과 같은 2가지 방법을 제시했다.

❶ **주장 내부로부터 공격**(적이 열등한 인격에서 나온 주장을 펼친다고 비판)

"그의 발상은 회사의 이익을 위해서라면 고객을 버려도 좋다는 것입니다. 인간의 도리에 어긋난 일이라 생각합니다."

❷ **주장 외부로부터 공격**(여담으로 적의 저열한 인격과 관련된 에피소드를 제시)

"실제로 그는 이미 그전에도 일이 되어가기 직전에 도망친 일이 있지 않습니까?"

단, 인신공격을 노골적으로 하거나 지나치게 하는 것도 좋은 계책은 아니다. 앞에서 이미 밝혔듯이 듣는 사람은 선동하는 분위기에 민감하다. 자신이 선동당하고 있다고 느껴지는 순간 오히려 기분이 식어 냉랭해지고 만다. 따라서 이런 인신공격을 할 때엔 품격을 느끼게 하는 온화하고 정중한 말투로 주장할 필요가 있다.

키케로는 인신공격을 할 때에 특히 다음과 같은 2가지 사항을 주의해야 한다고 덧붙였다.

NG1. 호감을 얻고 있는 사람을 공격하지 않는다

청중 혹은 듣는 사람의 호감을 사는 사람을 공격하면 오히려 자신이 미움받을 위험이 커진다. 결국 '저 사람에게 심한 말을 하다니'라는 말만 듣게 된다. 따라서 **인기 있는 사람을 상대로 할 때에는 우선은 사실 관계와 이치를 무기로 공격해야 한다.** 여러 가지 사실을 이치에 맞게 설명하면서 토론 상대방이 '사실은 ○○한 사람이구나. 보기와는 다르네. 안 되겠어'라고 느끼도록 뉘앙스를 풍겨야 한다.

NG2. 무심코 청중(듣는 사람)을 공격하지 않는다

적의 인격을 공격할 때에 제시하는 사례가 듣는 사람에게도 적용된다면, 무심코 그를 공격하는 결과가 되고 만다. 예를 들어 "A씨는 과거에 ○○를 저질렀습니다"라고 공격할 때 듣는 사람도 ○○를 한 경험이 있다면 자기변호를 위해서라도 A를 감싸는 쪽에 서게 된다. 완전히 역효과다.

이 2가지 NG를 막기 위해서라도 가장 기본적으로 해야 할 일은 사전에 듣는 사람을 잘 관찰하는 것이다. 이것은 1장에서 밝혔듯이 설득 과정 전반에서 아주 중요한데, 인신공격을 할 때 더욱 그렇다.

따라서 지금 내가 설득하려는 사람이 토론의 적수를 어떻게 생각하고 있는지, 내가 공격하려는 그의 약점이 사실은 설득하려는 사람에게도 있는 것은 아닌지를 항상 확인해야 한다. 만일 이 부분을 게을리하면 인신공격의 힘은 그대로 자신을 밀쳐내는 힘이 되어 돌아올 것이다.

'호감을 얻는 기술×감정을 선동하는 기술'의 조화

지금까지 이 장에서는 듣는 사람으로부터 호감을 얻는 방법과 듣는 사람의 적을 향한 호감을 빼앗는 방법을 소개했다. 그런데 듣는 사람의 호감과 관련된 이런 기술은 사실상 감정에 호소하는 기술과 조화를 이루어 사용할 때 훨씬 더 효과적이다.

그런 의미에서 '감정을 선동하는 기술'을 다음 장의 주제로 삼아 보겠다.

키케로의 한마디

인신공격을 하려면 사전 조사와 관찰이 필수적이다.

4장

감정을 선동하는 기술

궁지에 몰리면 감정론으로 승부

설득의 3요소 중 마지막으로 남은 하나가 '상대방의 감정을 움직이는 호소력'이다. 인터넷상의 토론이나 광고 세계에서 벌어지는 선동이 바로 이런 기술의 주목할 만한 예라 할 수 있다. 그런데 이 기술 역시 바로 앞에서 다룬 인신공격과 마찬가지로 긍정적인 면만 있는 것은 아니다. 그렇다고 '비겁한 방법이야!'라며 멀리하다가 토론이나 논쟁에서 진다면, 무슨 소용이 있겠는가. 설득으로 승부를 보아야 하는 실제 상황에서는 이 기술을 피해 성공하기는 어려운 법이다.

키케로가 가르치는 기술은 게임이 아니라 실전에서의 설득이다. 상대가 반칙을 사용하면 그 반칙에 대한 대응법도 알아두어야 하고, **만일 논리로 질 것 같으면 상대방의 감정을 부추겨서라도 설득한다는 옵션을 가지고 있어야 한다.**

현대인 이상으로 수단을 가리지 않았던 로마인

로마의 의회와 법정에서는 듣는 사람의 감정을 선동하기 위해 수단을 가리지 않았다. 연설 중에 눈물을 흘리는 것은 기본이고, 분개한 나머지 주먹으로 삿대질하며 특정 인물을 매도하는 일도 빈번했다. 개중에는 고소당한 군인을 변호하려고 그의 옷을 찢는 변호사도 있었다. 배심원들에게 전장에서 입은 그의 상처를 보여주고 공적을 강조해 무죄 판결을 받기 위한 행동이었다.

어찌 보면 로마식 변론술이 실제로 사용되었던 시대에는 설득을 위해서라면 현대인들보다 더 수단과 방법을 가리지 않았던 것 같다. 그러다 보니 감정을 선동하는 설득법에 대해서도 정통해 있었다. 지금 이 책에서 살펴보는 감정 선동법도 모두 키케로가 가르쳤던 설득술을 기초로 한 것이다.

감정을 선동하며 싸우는 경우 전제조건이란

감정을 선동하며 설득하는 방법을 살펴보기 전에 다시 한번 강조하고 싶은 것이 있다. 앞 장에서 언급했듯이 온화한 말투로 듣는 사람의 호감을 얻는 것이야말로 설득법의 기본이라는 사실이다.

감정을 선동해 설득하는 방법은 어디까지나 보조적, 예외적인 방법이다. 따라서 이 방법을 써야 할 곳과 쓰지 말아야 할 곳을 잘 구분해야 한다. 이에 대해 키케로는 다음과 같이 쓰고 있다.

> "이런 종류의 변론술은 횃불로 불을 붙이는 것과 같다. 성냥불로 해결할 수 있는 사소한 사안에 이용해선 안 된다. 또 변론으로 마음을 돌리기 어려워 보이는 사람에게도 사용하지 않는 것이 좋다."

키케로가 이렇게 주장한 이유는 무엇일까? 간단히 말하자면, 감정을 선동하는 설득은 다음 2가지 사항을 확인한 뒤 시도해야 한다는 것을 강조하기 위해서다.

❶ 토론이나 논쟁의 주제가 감정을 선동하는 데 어울리는가, 그렇지 않은가

❷ 상대방이 감정 선동으로 움직일 만한 사람인가, 그렇지 않은가

즉, **지금부터 행해지는 토론이 어떤 '싸움터'에서 행해지는지 사전 관찰이 중요하다**는 말이다. 특히 2번의 설명과 같이 설득하려는 사람의 내면을 관찰하고 파악하는 과정은 필수다. 따라서 상대방이 어떤 성격의 소유자이고, 어떤 생각을 품고 있으며, 지금 기분이 어떤지를 모두 점검해야 한다.

상대방에게 '감정의 불씨'가 없다면

감정을 선동해 설득할 때 가장 좋은 조건은 상대방의 내면에 내가 바라는 '감정의 불씨'가 이미 타오르고 있는 경우다. 예를 들어 **처음부터 화가 나 있는 사람, 슬퍼하고 있는 사람, 동정하고 있는 사람이라면, 그런 감정을 증폭시키며 선동하는 것은 비교적 쉬운 일이다.** 어쩌면 상대방은 그런 감정을 부채질해주기를 기다리고 있을지도 모른다.

문제는 상대방에게 그런 감정이 전혀 없는 경우다. 그럴 경우엔 어떤 감정을 부채질해야 할까? 이때야말로 감정을 선동하는 기술이 정

말 필요한 순간이다. 이에 대해서는 뒤에서 자세히 알아볼 것이다.

키케로의 한마디

논리로 질 것 같으면 감정을 선동해서라도 이겨야 한다.

감정에 호소하기 위한 절대 법칙

상대방의 감정을 선동하는 데에도 여러 가지 방법이 있다. 분노를 일으키는 법, 동정을 끌어내는 법, 질투를 불러일으키는 법 등 감정의 종류만큼이나 다양한 선동법이 있다고 볼 수 있다. 단, 이 모든 방법을 행할 때 공통적으로 적용되는 기본 요소가 몇 가지 있으므로, 우선은 그 부분부터 소개해볼까 한다.

키케로가《변론가에 대하여》에서 설명한 바에 따르면, 듣는 사람의 감정을 선동할 때에는 반드시 다음 3가지 법칙을 지켜야 한다.

1. 자신이 먼저 화내거나 운다

상대방의 감정을 부채질하려면 우선 선동하는 쪽이 먼저 그런 감정에 사로잡혀 있다는 것을 보여주어야 한다. 이것은 어떤 일이 있어도 반드시 지켜야 하는 법칙이다. 상대방의 감정을 선동하면서 정작 본인은 냉정한 표정을 짓거나 느긋하게 있다면, 아무도 그가 하는 말에 공감해주지 않을 것이다. 예를 들어, **상대방이 화를 내도록 만들고 싶다면 우선 자신이 먼저 그 사실에 대해 화가 난 모습을 보여주어야 한다. 마찬가지로 상대방이 슬퍼하도록 만들려면 자신이 먼저 슬퍼하는 모습을 보여주어야 한다.** 이것은 감정을 선동할 때 지켜야 할 가장 기본적이고도 중요한 법칙이다.

실제로 로마의 정치가와 변호사들은 의회와 법정에서 많은 경우에 울거나 웃거나 화를 냈다. 키케로는 이에 대해 다음과 같이 말했다.

> "여러분은 변론할 때에 화내고 분개하고 눈물을 흘릴 줄 아는 변론가가 되기를 바란다."

다시 한번 강조하지만, 설득하려는 상대방이 어떤 감정에 휘말리도록 하고 싶다면, 내가 먼저 그런 감정에 휘말리는 모습을 보여주어야 한다.

2. 선동은 설득의 모든 과정에서 이루어진다

\-

감정 선동을 이용한 설득은 지나치게 노골적으로 행해져서는 안 된다. 이에 대해서는 3장 첫머리에서 이미 다룬 바 있지만 어떤 경우에도 자신은 논리적인 설득 외에는 관심이 없다는 듯한 태도로 임해야 한다. 선동은 상대방이 그것을 선동이라고 눈치채는 순간 실패하고 만다.

따라서 무언가를 주장할 때에는 티를 내지 않고 자연스럽게 제시하는 사실, 은근히 주장하는 결론, 여담, 그리고 말투에 스며나는 감정을 이용해 넌지시 듣는 사람을 설득해야 한다. 이것이 올바른 감정 선동법이다.

키케로는 '설득하는 사람 자신이 주는 좋은 인상'과 '상대방의 감정을 움직이는 호소'라는 2가지 요소를 어떻게 실천해야 하는지에 대해서는 다음과 같이 말하고 있다.

"마치 신체에 혈액이 골고루 돌듯이 변론 전체에 골고루 스며들어야 한다."

따라서 설득하는 말 중간에 '선동을 위한 부분'을 두는 것은 지나치게 노골적인 비상수단을 쓰는 하수의 계책이다. 가장 이상적인 방법은 하나의 주장이 전체적으로 교묘하게 듣는 사람의 감정을 선동하도록 하는 것이다.

3. '감정적인 말투'를 '온화하고 논리적인 말투'와 조합시킨다

상대를 선동하기 위한 감정적인 말투는 앞 장에서 다룬 온화하고 논리적인 말투와 조합시켜 사용해야 한다. 그렇다면 어떤 식으로 조합시키면 좋을까?

우선 설득하려는 주장 첫머리부터 대뜸 감정적으로 말하는 어리석은 행동은 하지 말아야 한다. 도입 부분에서 온화하고 논리적인 말투를 사용하는 것이야말로, 상대방이 내 주장을 신뢰하며 이후 자연스럽게 이어지는 감정 선동에 휘말리게 만드는 데 큰 도움이 된다.

성숙한 사회구성원이라면 누구나 '토론이나 논쟁은 이성적으로 행해져야 한다'고 생각한다. 따라서 **처음부터 감정적으로 이야기하는 사람은 듣는 사람의 신뢰를 받기 어렵다.** 감정적인 말투는 듣는 사람의 신뢰를 어느 정도 얻은 뒤에 서서히 자연스러운 형태로 사용하면 된다.

또한 설득의 마무리를 온화하고 논리적인 말투로 하는 것도 중요하다. 마무리는 전체의 인상을 결정한다. 만일 감정적으로 마무리하면, 상대방은 '결국 나를 선동하려는 것이잖아'라는 생각을 하게 될 것이다. 따라서 일단 감정적인 말투로 선동했다고 해도, 마지막에는 냉정한 말투로 바꾸어 마치 논리적인 설득을 마치듯 마무리해야 한다. 이것은 '어쩔 수 없이 감정적이 되었다' 혹은 '예기치 않게 선동하고 말았다' 하는 분위기를 자연스럽게 연출하기 위한 것이다. 즉, 듣는 사람을 선동하는 감정적인 설득은 온화한 도입과 마무리 사이에 슬쩍 끼워 넣어야 한다. 이것이 감정 선동을 이용한 설득의 올바른 구성이다.

키케로의 한마디

'어쩔 수 없이 감정적이 되었다'는 분위기를 연출해야 한다.

결론은 상대방이 스스로 내리도록 만든다

앞에서는 설득하려는 사람의 감정을 부채질하기 위한 3가지 법칙을 소개했다. 그렇다면 다음으로 문제가 되는 것은 이 법칙들을 바탕으로 '무엇을 이야기할 것인가'이다. 사실 감정을 선동하기 위해 무언가 특별한 내용을 이야기해야 할 필요는 없다.

화를 내도록 만들고 싶으면 상대방이 화를 낼 만한 사실을 전달하면 되고, 슬프게 만들고 싶으면 상대방이 슬퍼할 만한 사실을 전달하면 된다. 그 이상도 그 이하도 아닌 딱 그 정도 수준이면 족하다. 단, 한 가지 주의해야 할 점이 있다. 그것은 **'듣는 사람에게는 사실만을 전달하라'**라는 것이다.

상대방에게 전달해야 하는 것은 어디까지나 '사실'

사실 전달과 관련된 키케로식 변론술이 밑바탕으로 삼은 책이 바로 아리스토텔레스의《변론술》이다. 다음은 이 책에 나온 중요한 한마디이다.

> "듣는 사람의 감정에 호소하려 한다면, 설득추론을 이용해선 안 된다."

여기에서 말하는 설득추론이란 2장에서 다룬 것처럼 '○○니까 ××다'와 같이 원인과 결과를 논리적으로 연결시켜 이야기하는 화법이다. 설득 과정이 논리를 갖추게 하려면 이처럼 근거를 제시하고, 그 근거를 결론까지 논리적으로 연결하는 이야기법이 바람직하다. 하지만 아리스토텔레스는 '이런 논리적인 이야기법은 감정을 선동하는 데에는 맞지 않는다'라고 지적했다. 그렇다면 감정을 선동할 때에는 어떤 식으로 이야기하면 좋을까?

사실 듣는 사람의 감정을 선동하기 위해 가장 바람직한 방법은 결론을 빼고 이야기하는 것이다. 예를 들어 어떤 사람이 동료에게 다음과 같이 말했다고 치자.

"A과장은 상사에게 잘 보이려고 부하를 아무렇지도 않게 희생시켜."

이것은 A과장을 싫어하도록 만들기 위한 감정적인 설득이다. 이 이야기는 근거만 제시하고 있기 때문에 결론도 논리도 없는 것처럼 보인다. 하지만 숨겨진 결론을 보충하면 다음과 같이 말할 수 있을 것이다.

"A과장은 상사에게 잘 보이려고 부하를 아무렇지도 않게 희생시켜(근거). 이런 인격의 소유자는 미워해야 해(논리). 따라서 A과장도 미워해야 해(결론)."

즉 '결론을 뺀 이야기법'에 따른 "A과장은 상사에게 잘 보이려고 부하를 아무렇지도 않게 희생시켜"라는 말의 배후에는 '이런 인격을 가진 인간은 마땅히 싫어해야 한다'라는 논리가 숨겨져 있다. 그런데 처음부터 "A과장을 싫어하는 것이 마땅하다"라고 결론까지 내려버리면 어떻게 될까? 아무래도 너무 노골적인 발언이기 때문에 설득에 실패할 가능성이 크다.

아리스토텔레스가 강조했듯이 '설득을 위해선 논리적인 이야기법을 사용'해야 하기 때문이다. 즉, 감정을 선동하는 핵심 비결은 앞에서 든 예처럼 사실만을 이야기하는 것이다. **결론은 상대방이 스스로 머릿속에서 보충하도록 만들면 된다.**

논리적인 말투 속에 교묘하게 섞어 넣는다

설득하려는 상대방에게 결론을 뺀 사실을 제시할 때에는 어떤 방법이 좋을까. 물론 앞에서 든 A과장의 예처럼 단순히 사실만을 이야기하는 것이 가장 간단하고 기본적인 방법이다. 하지만 좀 더 큰 효과를 노리고 세상 사람들이 많이 사용하는 방법은 **얼핏 논리적으로 보이는 이야기 속에 선동의 요소를 티 나지 않게 교묘히 섞어 넣는 것이다.** 예를 들면 다음과 같이 말할 수 있다.

> "경영자에게는 주주들에게 설명해야 할 책임이 있다(근거). B사장은 부하만 앞에 내세우지 말고 스스로 이번 불상사에 대해 설명해야 한다(결론)."

이 말은 얼핏 보기에 '경영자에게는 설명해야 할 책임이 있다'라는 근거에서 'B사장은 스스로 이번 불상사에 대해 설명해야 한다'라는 결론을 바로 이끌어낸 논리적 설득인 것처럼 보인다. 하지만 사실은 근거와 결론 사이에 하나의 과정이 티 나지 않게 교묘히 숨어 있다. 'B사장은 부하만 앞에 내세우지 말고'라고 사실을 지적하고 있기 때문이다. 이것은 표면적으로는 단순한 사실에 대한 설명이지만, 듣는 사람에게 'B사장을 싫어하는 것이 마땅하다'고 티 나지 않게 감정을 선동하는 구조다. 좀 더 확실한 이해를 돕기 위해 다른 예를 몇 가지 더 들어보겠다.

"좋은 상품이지 않습니까? 꼭 팔릴 겁니다. 그동안 무시한 녀석들에게 대갚음할 좋은 기회입니다."

"부장님은 안전 제일주의이기 때문에 아마 이번 일 같은 기획엔 응하지 않을 겁니다."

이런 말이야말로 키케로가 가르쳤던 '마치 피가 온몸에 흐르듯 자연스럽게 변론 전체에 스며든' 선동이라 할 수 있다. 이런 경우엔 감정을 선동하는 사실을 어떻게 하면 논리적 주장 속에 티 나지 않게 섞어 넣을 수 있는지에서 변론가의 능력이 드러난다.

이처럼 논리적인 위장 뒤에 숨어 효과를 발휘하는 감정 선동법을 몸에 익히려면 어떤 방법이 가장 좋을까? 평소 신문, 잡지, 인터넷

기사를 자주 읽으며 분석하는 방법을 추천한다. 논리적인 글쓰기 속 어느 부분에 감정을 선동할 말을 넣는지를 익히게 되면, 다양한 설득 요령도 절로 터득하게 될 것이다.

키케로의 한마디

'감정을 선동하기 위해 제시하는 사실'은 음식의 맛을 내기 위해 조금만 넣는 비밀 소스 같은 효과를 발휘한다.

사랑과 증오를 선동하는 법

주장이나 설득을 할 때 중요한 것은 '자신과 자신이 설득하는 내용이 호감을 얻도록 하는 선동'이다. 그리고 한 가지 더해 '토론이나 논쟁의 상대와 그가 하는 주장이 미움을 받도록' 선동하는 것도 중요하다. 즉, 사랑과 증오를 선동해야 한다.

듣는 사람의 호감을 얻기 위한 3가지 포인트

—

우선 호감을 불러일으키는 방법에 대해 알아볼까 한다. 키케로에 따르면, 설득 중에 다음 3가지를 강조하면 듣는 사람의 호감을 얻을 수 있다고 한다.

❶ 듣는 사람에게 이익이 되는 것을 강조한다

❷ 훌륭한 사람, 약한 사람, 불쌍한 사람을 위해서임을 강조한다

❸ 자신에게는 이익이 되지 않는다고 강조한다

그럼 이 3가지 사항에 대해 하나씩 살펴보자.

❶ 듣는 사람에게 이익이 되는 것을 강조한다

키케로에 따르면, 자신이 설득하려는 내용이 듣는 사람의 호감을 얻으려면 무엇보다 그것이 듣는 사람에게 이익이 되어야 한다. 그리고 이 이익은 이미 누리고 있는 이익이 아니라, 앞으로 누릴 이익이어야만 효과가 크다. 키케로는 이에 대해 다음과 같이 말했다.

"과거에 누린 은혜에 대해 이야기하기보다는 미래에 누릴 은혜에 대해 기대를 품도록 만드는 것이 효과적이다."

현대의 정치가나 기업가들도 어떤 결정에 대해 설명할 때 '일반 시민이나 이용자들에게 얼마나 이익이 되는가'를 강조한다. 이것은 있는 내용을 그대로 설명하기 위한 것이기도 하지만, 반절은 자신의 결정에 대해 듣는 사람의 호감을 얻으려고 감정에 호소하고 있는 것이다.

이런 강조는 일상적인 회화에서도 자주 볼 수 있다. 예를 들면 세일즈 현장에서 다음과 같은 말을 들을 수 있다.

"고객님께만 이렇게 많은 서비스를 해드리는 겁니다."

이것은 자신이 주장하는 이익이 '듣는 사람만 누리는 것'임을 강조해 설득하려는 방법이다. 현대 수사학에서는 이 방법을 '온리 유 논법'이라고도 한다. 이익을 이용해 듣는 사람의 호감을 불러일으키는 방법 중 하나다. **사람은 누구나 모두의 이익보다는 자신만의 이익에 먼저 끌린다.** 감정을 선동하려면 이런 심리도 이용해야 할 것이다.

❷ 훌륭한 사람, 약한 사람, 불쌍한 사람을 위해서임을 강조한다

키케로에 따르면, 주장이나 설득이 나쁜 사람을 위한 것이 아니라 훌륭한 사람을 위한 것임을 강조하면, 듣는 사람은 쉽게 마음을 열고 호감을 느낀다. 현대인의 윤리관에 비추어 내용을 보충하자면, 약한 사람이나 불쌍한 사람도 여기에 속한다. 즉, 설득하려는 내용이 이런 사람들을 위한 것이라면 듣는 사람은 호감을 느낀다. **훌륭한 사람, 약한 사람, 불쌍한 사람을 위한 주장은 도덕적인 주장으로 들리고, 많은 사람들이 이런 주장에 끌리기 때문이다.**

"사람의 도리로서 이렇게 하지 않을 수 없습니다."

쉽게 들을 수 있는 말이다. 이런 주장은 동기야 어찌되었든, 결과만으로 듣는 사람의 호감을 불러일으키는 효과가 있다.

❸ 자신에게는 이익이 되지 않는다고 강조한다

자신의 주장이 호감을 얻게 만들려면 **'사리사욕 때문에 이런 말을 하는 것이 아니다'라는 메시지를 상대방이 느끼도록 만들어야 한다.** 듣는 사람은 자신의 이익을 추구하면서도, 막상 설득하는 사람 본인이 자신의 이익을 추구한다는 느낌이 들면 싫어한다. 따라서 누군가를 설득할 때에는 공의와 정의를 위한 것이라는 인상을 풍겨야 한다. 실전에서는 90퍼센트 성공한 설득도 그 주장이 사리사욕에서 나온 것임이 명백해지는 순간 실패로 돌아가는 일이 흔하다.

대부분 설득은 설득하려는 사람 본인의 이익을 위한 것일 때가 많다. 하지만 그런 경우에라도 '자신을 위한 것이 아니라 당신을 위한 것'이라는 식으로 이야기하는 기술이 중요하다.

아무리 훌륭한 자원봉사 단체라 해도 그 단체가 이익을 취한다는 사실이 알려지면 비난을 퍼붓는 게 사람의 심리다. 설득을 할 때에는 어떤 경우라도 사리사욕을 취한다는 인상을 풍기지 않도록 주의해야 한다.

논쟁 상대에 대한 미움을 불러일으키는 방법

지금까지 살펴본 바를 되돌아보면 반대 의견을 펼치는 논쟁 상대에 대한 미움을 불러일으키는 방법 또한 확실해진다. 호감을 얻는 데 필요한 것과는 반대인 특성이 상대방의 의견에 있다는 것을 강조하면 된다.

즉, 논쟁 상대의 주장에 대해 미움을 불러일으키기 위해서는 설득하는 말 곳곳에서 다음과 같은 뉘앙스를 풍겨야 한다.

❶ 논쟁 상대의 주장이 듣는 사람에게 불이익이 된다는 것을 강조한다

❷ 논쟁 상대의 주장은 훌륭한 사람, 약한 사람, 불쌍한 사람에게 불리한 것임을 강조한다

❸ 논쟁 상대의 주장은 사리사욕에서 나온 것임을 강조한다

이렇게 하면 듣는 사람은 논쟁 상대가 펼치는 의견을 싫어하며 반대하게 될 것이다.

키케로의 한마디

"사리사욕 때문에 이런 말을 하는 것이 아니다"라는 메시지를 정중히 전달한다.

질투심을 이용하는 법

질투심도 설득에 이용할 수 있는 감정 중 하나다. 키케로는 질투란 '인간의 모든 감정 중에서 상당히 도드라지는 격렬한 감정'이라고 했다. 즉, 설득을 위해 이용할 수 있는 감정 중에서 가장 강력한 것이 질투라는 말이다. 때문에 마케팅 등에서도 이 감정을 빈번하게 이용한다.

유명인이 SNS에 자신의 우아한 생활(호화 저택이나 특별 주문한 브

랜드 상품 등) 모습이 담긴 사진을 올리면 사람들이 몰려들어 조회수를 올리며 구경하게 된다. 이들 중 상당수는 질투심에서 비롯된 악성 댓글을 달기도 하는데, 오히려 이런 현상이 노이즈 마케팅이 되어 선전효과를 낳는다. 다시 말해 **많은 사람들의 행동을 가장 쉽게 좌우할 수 있는 것이 질투라는 감정의 위력이다.**

질투심을 불러일으키기 위한 3가지 포인트

앞에서 예로 든 유명인의 노이즈 마케팅처럼 특수한 경우가 아니라면 질투가 자신을 향하게 해서는 안 된다. 질투는 질투 대상의 발목을 잡아끄는 부정적인 힘이 있기 때문이다. 따라서 질투란 감정이 나와 반대 의견을 펼치는 논쟁 상대를 향하게 해 그의 발목을 잡아끌도록 해야 한다.

그렇다면 질투란 감정은 언제 생겨나는 것일까? 토론이나 논쟁에서 공격할 대상에 대해 다음 3가지를 강조하면, 이를 듣고 있는 사람들 대부분이 질투를 느낀다고 한다.

❶ 공격 대상이 누리는 행복이 그 자신의 능력으로 얻은 것이 아니라는 점을 강조한다

❷ 공격 대상이 누리는 행복이 부당한 수단을 이용해 얻은 것임을 강조한다

❸ 행복을 누리고 있는 공격 대상이 청중(대중 혹은 듣는 사람)을 무시하고 있다는 것을 강조한다

그럼 지금부터는 이 3가지 방법에 대해 하나하나 살펴볼까 한다.

❶ 공격 대상이 누리는 행복이 그 자신의 능력으로 얻은 것이 아니라는 점을 강조한다

이것은 듣는 사람에게 질투를 불러일으키는 가장 기본적인 테크닉이다. 질투를 사도록 만들어야 할 **공격 대상이 '자신의 능력에 비해 큰 은혜를 받고 있다'는 것을 강조하는 기술이다.**

키케로는 **"가장 큰 질투를 느끼는 것은 자신과 동등하거나 열등한 대상이다"**라고 말하며 사람의 질투 심리와 관련해 정확히 지적하였다.

애초에 나보다 뛰어난 사람이라면 그가 뛰어난 성과를 내거나 더욱 은혜로운 환경에 있다고 해도 그다지 질투를 느끼지 않는다. 당연한 일로 받아들이기 때문이다. 하지만 그 사실을 왜곡시켜 '그들 혹은 그녀들은 우리와 동등하거나 열등한 능력밖에 가지고 있지 않다'고 강조해보라. 듣는 사람의 가슴속에서 질투의 불꽃이 타오르기 시작할 것이다.

이것은 앞에서 예로 든 유명인들의 노이즈 마케팅을 살펴보아도 잘 알 수 있다. 사람들의 악성 댓글을 읽어보면 '머리가 나쁜 것 같다', '비상식적이다', '돈 많은 남자를 물었다'와 같이 당사자의 무능력을 강조하는 말이 많다. 비난하는 쪽도 상대방이 자신보다 열등하다고 파악되어야만 안심하고 질투할 수 있기 때문이다.

듣는 사람의 질투심을 부채질하려면 혜택을 누리고 있는 공격 대상이 '사실은 능력이 없는 사람이며, 지금 누리는 행복도 우연히 얻은 것'임을 지속적으로 강조해야 한다.

❷ 공격 대상이 누리는 행복이 부당한 수단을 이용해 얻은 것임을 강조한다

키케로는 여기서 한술 더 떠 공격 대상이 누리고 있는 혜택을 '악덕과 범죄를 통해 얻은 것'으로 강조하라고 가르쳤다. 즉, **"그(혹은 그녀)는 대단한 것을 손에 넣었지만, 사실 그것은 불법적이고 부당한 수단으로 얻어낸 것이다!"라는 식으로 논리를 전개하라**는 것이다.

"그 사람, 젊은 나이에 출세했지만 말이야. 그게 다 우리 회사 고위층과 친해서 그런 거야."

이 말은 공격 대상의 무능력을 강조하는 방법의 다른 버전이다.

명백하게 불법 행위임을 지적하면 가장 좋고, 그것이 무리라면 '도덕적인 측면에서 부당하다'고 관념적인 지적을 하면 된다. 도덕적으로 완벽한 사람은 없기 때문에 이를 위해 적절한 사실 자료를 준비하는 것은 어려운 일이 아니다.

현대인들이 자주 이용하는 방법은 '현재의 성공자가 과거에 행한 악행'을 화제로 삼으며, 공격하는 것이다. 이렇게 해서 그(그녀)가 누리고 있는 지위가 불법적으로 얻은 것이라는 사실을 강조하면 듣는 사람은 질투를 느끼게 된다. 이런 질투는 공격 대상의 지위를 끌어내리는 방향으로 상황을 몰고 가는 데 효과적인 수단이 될 것이다.

❸ 행복을 누리고 있는 공격 대상이 청중(대중 혹은 듣는 사람)을 무시하고 있다는 것을 강조한다

이것은 공격 대상의 '태도'를 문제 삼는 방법이다. 키케로는 애초에 자신보다 뛰어난 사람이라 해도 지나치게 성공을 자랑하면 질투를 느끼게 된다고 지적했다. 이 사실을 이용할 때에는 다음과 같이 2가지 방법이 있다.

❶ 태도를 문제 삼는다

"그(그녀)가 우수한 것은 인정하지만, 지나치게 잘난 척해."

❷ 성공의 정도를 문제 삼는다

"그(그녀)는 굉장히 의기양양하지만, 그 정도로 대단하게 성공한 것은 아니야."

위의 2가지 중 어느 것을 선택할지는 듣는 사람과 공격 대상의 특징을 관찰한 뒤 결정해야 한다.

질투심을 이용할 때에는 주의가 필요

–

이 장 앞부분에서 이야기했듯이 상대방이 어떤 감정에 휘말리게 만들려면 내가 먼저 그 감정에 휘말려 있는 것처럼 보여야 한다. 이것은 설득하는 사람이 취해야 할 자세의 기본 중 기본이다. 상대방이 화를 내도록 만들려면 내가 먼저 화를 내야 하고, 상대가 슬픔에 빠지도록 만들려면 내가 먼저 슬픔에 빠져 있는 듯 보여야 한다. 하지만 질투의 경우에는 조금 사정이 달라진다. 분노나 슬픔과는 달리 질투는 인간의 '결점'이기 때문이다.

결점인 질투를 너무 노골적으로 드러내면, 이야기하는 사람 자신의 좋은 인상이 무너질 염려가 있다. 따라서 **질투심을 불러일으키는 이야기를 할 때에는 '말투에서 질투가 살짝 느껴지는 정도'가 현명하다.** 키케로도 말하듯 질투는 아주 강력한 감정이므로 이 정도만으로도 충분히 상대방의 감정을 움직여 질투에 빠지도록 할 수 있다.

키케로의 한마디

질투란 모든 감정 중에서 가장 두드러지는 강력한 감정이다.

동정심을 불러일으키는 법

키케로는 동정심을 불러일으키는 법에 대해서도 설명하고 있다. 동정심이란 다른 사람에 대해 '불쌍하게도…' 혹은 '동정을 금할 수 없군'이라고 느끼는 감정으로, 현대인의 설득에도 자주 이용된다.

듣는 사람의 과거·현재·미래를 이용한다

–

동정심을 불러일으키려면, **비극적인 사실을 전해 듣는 사람이 자신에게 일어난 일이라도 되는 것처럼 생생하게 느낄 수 있도록 유도해야 한다.** 이를 위해 비극적인 일에 대해 자주 다음과 같이 이야기하는 것을 들을 수 있다.

"만일 자신이 그런 입장이었다면 어땠을까요?"

"자신의 아이가 그렇게 되었다면 어땠을까요?"

모두 동정심을 유발하는 데 적절한 말이다. 이런 질문을 받으면 누구나 그 일을 자신의 경우에 비추어 생각하기 때문이다. 키케로는 이런 감정 선동법도 다음과 같이 3가지로 나누고 있다.

❶ 듣는 사람이 과거에 같은 일을 경험했음을 일깨우는 법

"당신이라면 그가 얼마나 괴로운지 아시죠?"

❷ 듣는 사람이 미래에 같은 일을 경험할까 봐 두려워할 때 선동하는 법

"현재 그의 모습은 장래 당신의 모습입니다."

❸ 듣는 사람이 현재 같은 일을 경험하고 있음을 일깨우는 법

"당신도 그와 같은 일로 괴로워하고 있지 않습니까?"

이 중에서 어떤 것을 사용할지는 상대방이 어떤 경력을 지닌 어떤 인물인지에 따라 달라진다. 때문에 이 경우에도 듣는 사람에 대한 사전 관찰이 중요하다.

'현재감'을 가질 것

듣는 사람이 '자신의 경우에 비추어 생각하게 만드는' 방법은 현대 수사학에서도 중요하게 생각하는 내용이다. 키케로는 동정심을 불러일으키는 방법으로 주목했지만, 현대에는 애정과 증오 등 여러 감정을 불러일으키는 데 전반적으로 이용된다.

사람은 눈앞에서 '생생하게 벌어지는 현실'을 마주하면, 감정이 격해지는 법이다. 변론술 연구가이기도 한 20세기 철학자 카임 페렐만Chaïm Perelman은 사람들에게 이런 효과를 가져다주는 '생생함'을 '현재감'이라 불렀다.

현대 정치와 비즈니스의 세계에서 행해지는 정보전의 현장에서는 듣는 사람의 감정을 선동하기 위해 어떻게 생생한 '현재감'을 자아내야 할지가 중요한 열쇠로 떠오르고 있다. 그리고 이를 위해서는 다음과 같은 방법이 사용된다.

❶ 듣는 사람이 당사자(피해자)임을 강조한다

❷ 정보에 동영상이나 녹음 자료처럼 감각에 호소하는 것을 첨가한다

❸ 동물이나 어린이 같은 '약자'를 예로 든다

위의 방법들이 일상 속에서 어떻게 사용되고 있는지 예를 들어 검증해보고 싶지만, 이 책의 내용과는 거리가 있기 때문에 이 정도에서 마무리할까 한다. 단, 독자 여러분이 일상에서 여러 가지 정보를 접할 때 위의 3가지 사항을 바탕으로 관찰해보면, '현재감'이 살아 있는 표현법을 스스로 터득하는 데 큰 어려움이 없을 것으로 본다.

덧붙여서 감정을 선동해 악의적인 선전을 해야 할 경우에는 다음의 사실도 염두에 두어야 한다.

❹ 악의적인 선전을 할 때에는 '결과적으로 거짓이었다 하더라도 모르는 것보다는 낫다'라는 논리를 사용한다

단, 이 방법은 참고만 하기를 바란다.

키케로의 한마디

상대방의 동정심을 유발하려면, '그것이 마치 자기 일처럼' 느끼도록 만든다.

5장

절대로 실패하지 않는 설득술

반론에는 3가지 패턴밖에 없다

4장까지는 설득에 필요한 3요소(1. 논리적인 설득력, 2. 설득하는 사람의 좋은 인상, 3. 상대방의 감정을 움직이는 호소력)를 어떻게 자신의 주장 속에 담아낼 것인지에 대해 순서대로 알아보았다.

지금부터는 어떤 설득에서든 통하는 이야기를 해볼까 한다. 즉, 키케로가 자신의 저서에서 설명한 '설득할 때 지켜야 할 기본 전략'을 소개할 것이다. 이 전략은 절대 패배가 용납되지 않는 전쟁터와 같은 로마의 법정과 의회에서 거듭 변론을 승리로 이끄는 가운데 다듬어진 것이다.

설득에서 토론으로

설득이란, 지금까지 반복해서 살펴보았듯이 상대방이 인정하는 근거를 제시해 상대방이 인정하는 논리로 이쪽이 주장하는 결론까지 이끌어가는 행위이다. 3장과 4장에서 보아온 감정적인 요소는 어디까지나 이 과정을 지지하는 보조 수단이다. 그런데 일상생활에서 모든 설득이 이치대로 이루어진다고는 볼 수 없다. 반대 의견이 불쑥 끼어드는 경우도 많기 때문이다. 이런 경우에 설득은 '토론'이 되고 만다.

토론 상대는 누구인가?

토론은 다음 2가지 경우로 나누어 생각해볼 수 있다.

❶ 설득하고 싶은 상대방이 반대 의견을 제시해 토론이 된 경우

❷ 설득하고 싶은 상대방 앞에서 반대 의견을 가진 논쟁 상대와 토론하게 된 경우

1번은 설득하고 싶은 상대방이 '그렇긴 해도 말입니다' 등과 같은 말로 반론하고 나서는 경우다. 2번은 회의에서 설득하고 싶은 고위 간부 앞에서 다른 직원과 논쟁하는 것과 같은 경우다. 어떤 경우든 목적은 같다. 목표로 하는 대상을 설득하는 것이다. 단, 대상에 따라 취하는 방법은 달라진다.

목적은 어디까지나 대상의 설득이다

1번은 설득하고 싶은 대상 본인이 반론을 제시하고 있기 때문에 반드시 이겨야 한다. 하지만 2번은 좀 다르다. **설득하고 싶은 대상의 눈에 내가 토론에 이긴 것처럼 보이기만 하면 된다.** 나와 논쟁을 벌인 상대방이 그것을 납득했는지, 그렇지 않은지는 별로 중요하지 않다.

물론 대부분의 경우, 설득하고 싶은 대상이 납득하는 이유와 나와 논쟁을 벌인 상대방이 납득하는 이유는 큰 차이가 없다. 따라서 토론 상대를 제쳐두고 청중(듣는 사람이자 설득 대상)만을 설득하는

것은 드물다.

또 2번은 설득하려는 상대방이 토론을 '듣고 있는 사람'임을 한시도 잊어서는 안 된다. 토론이 너무 뜨거워지면 설득하려는 사람이 누구인지도 잊은 채 말을 함부로 하는 경우가 생기기 때문이다. 이때 토론을 듣고 있던 사람이 질려버리거나 놀라서 마음을 닫아버리면 설득은 불가능해진다.

근거인가, 논리인가, 또 다른 설득인가

지금부터는 토론이 구체적으로 어떻게 행해져야 하는지를 살펴보고자 한다. 사실 이것도 그다지 복잡한 요소는 없고, 단순하다. 지금까지 계속 강조했듯이, 설득이란 상대방이 나의 주장, 즉 '○○이므로(근거), ××이다(결론)'를 인정하도록 만드는 것이다. 그리고 이에 대한 반론은 다음 3가지밖에 없다.

❶ 내가 제시한 근거를 부정하는 반론

반론의 첫 번째는 내가 제시한 근거 자체를 상대방이 인정하지 않는 것이다. 예를 들어 내가 "지난번에 같은 종류의 상품 A가 크게 히트를 쳤습니다(근거). 따라서 이번 상품도 잘 팔릴 것으로 봅니다

(결론)"라고 주장했다고 가정하자. 이에 대해 상대방이 "상품 A는 말씀하신 것만큼 그렇게 히트 치지 않았습니다"라고 근거 자체를 부정하는 경우다.

❷ 근거와 결론을 잇는 '논리'를 부정하는 반론

반론의 두 번째는 근거와 결론을 이어주는 논리를 부정하는 경우다. 예를 들어, "자네 과장에게 허락도 받지 않고 고객불만에 대응했다고(근거)? 그럼 안 되지(결론)"라고 아랫사람을 꾸짖었다고 하자. 이 말의 바탕에는 모든 고객불만에 대한 대응은 사전에 과장의 허락을 받아야 한다는 논리가 깔려 있다. 하지만 이에 대해 "긴급한 경우에는 과장님의 허락을 받지 않아도 좋지 않을까요?"라고 논리 자체를 부정하며 반론을 펼칠 수 있다.

❸ 독자적으로 제시하는 다른 설득

반론의 세 번째는 상대방이 나의 주장과 다른 주장을 하며 독자적인 설득을 하려는 경우다. 예를 들어, 내가 회의에서 통과시키려는 기획에 대해, "그보다는 제가 제출한 기획안이 회사에 더 도움이 됩니다"라고, 다른 기획안을 내밀며 반론을 펼칠 수 있다.

설득에 대한 반론은 이 3가지 패턴만 알면 충분하다. **자신이 펼치**

는 설득 주장에서 어느 부분에 어떤 반론이 제기될지는 어느 정도 예측이 가능하다. 따라서 미리 반론에 어떻게 대응해야 할지도 생각해놓을 수 있다.

재반론을 준비해두는 것이 중요하다

키케로는 사전 준비를 아주 중요하게 생각했다. 특히 반론을 미리 예측하고, 그에 대한 대응을 준비해두라고 강조했다. 이런 경우 반론의 패턴이 3가지이므로, 그에 대한 준비도 3가지로 나뉜다.

❶ 자신이 제시한 근거에 대한 반론을 예측하고, 재반론을 준비한다
❷ 자신이 이용한 논리에 대한 반론을 예측하고, 재반론을 준비한다
❸ 상대방이 독자적으로 펼칠 주장을 예측하고, 그것의 근거와 논리에 대한 반론을 준비한다

물론 완전한 형태로 예측과 대책을 세우기는 어렵다. 특히 시간상 제약이 따르는 경우가 많다. 하지만 1시간이면 1시간, 10분이면 10분이라도 좋으니 시간이 허락하는 한에서 이 3가지에 대해서는 사전에 생각해두어야 한다. 그렇게 하면 갑작스러운 반론으로 논쟁

이 붙었을 때에도 당황하지 않고 이길 수 있다. 이런 준비를 하지 않고 설득의 자리로 나아가는 것은 갑옷을 입지 않고 전장에 나아가는 것과 마찬가지다.

키케로의 한마디

반론에는 3가지 패턴밖에 없으므로, 각각의 경우에 어떻게 대응할지 미리 준비할 수 있다.

자신에게 불리한 화제는 반드시 피한다

키케로는 토론이나 논쟁에 휘말릴 때 취해야 할 기본 방침으로 단순 명쾌한 방법을 전한다.

"나는 항상 논쟁에 이기려고 최선을 다하기보다는 오히려 논쟁의 발목을 잡지 않으려 최선을 다한다."

득점을 하려고 무턱대고 노력하기보다는 실점을 하지 않으려고 노력한다는 의미다. 다시 말해 논쟁을 하기에 불리한 화제로부터는 얼른 도망간다는 뜻이기도 하다. **질 것처럼 보이는 논쟁에서 이기려고 애쓰는 것은 토론에 약한 사람들에게 공통적으로 나타나는 특성이다.** 이 사람들은 가장 좋지 않은 전략을 사용하는 중이다.

불리한 화제도 3가지로 나눌 수 있다

–

실제로 토론이나 논쟁에 휘말리다 보면 '아무리 생각해도 불리한 화제'가 나오기 마련이다. 이런 화제들도 다음 3가지 패턴으로 나누어진다.

❶ 반론 하나로 격파될 것 같은 빈약한 근거를 제기할 수밖에 없을 때

❷ 반론 하나로 격파될 것 같은 빈약한 논리를 전개할 수밖에 없을 때

❸ 상대방이 나보다 강력한 근거와 논리를 바탕으로 새로운 주장을 펼칠 것 같을 때

1번과 2번은 가능하면 피하는 게 상책이다. 날카로운 지적에 격파될 것 같은 근거와 논리는 사용하지 않는 편이 가장 좋다. 하지만

꼭 써야 할 경우에는 될 수 있는 한 깔끔하게 말하는 것이 좋다. 그리고 3번은 이미 예측을 하고 있다 해도 절대로 내가 먼저 그 부분을 건드리지 말아야 한다. 만일 상대방이 그런 주장이나 설득을 펼치면 그것이 주요 쟁점이 되지 않도록 모든 힘을 기울여야 한다. 이길 가능성이 없는 경우는 더욱 그러하다.

불리한 화제가 나오면 '싸우고 있는 척하며' 도망친다

키케로는 불리한 화제로부터 도망칠 경우에도 상대방에게 '도망친다'는 인상을 주어서는 안 된다고 강조하고 있다. 물러나는 경우에도 오히려 '싸우고 있는 것처럼' 분위기를 만들어내라는 뜻이다. 이것이 바로 로마식 변론술의 전형적인 사고법이다.

불리한 화제로부터 도망칠 때에는 **동요하는 기색을 보이지 말고 온화하고 논리적인 말투를 유지하면서 자연스럽게 이야기를 다른 곳으로 돌려야 한다.** 다행히 수사학의 역사에는 '싸우고 있는 척하며 도망치는' 테크닉이 아주 많이 축적되어 있다. 그럼 그중에서 슬쩍 이야기를 다른 데로 돌리는 기술을 몇 가지 살펴보려 한다.

❶ 논쟁 거부하기

"그 점에 대해선 서로 가타부타 이야기 나누는 것 자체가 바보 같은 일이라 봅니다."

❷ 논점 선취하기

"그것은 이미 결론이 난 이야기입니다."

❸ 논점 흐리기

"그보다 더 중요한 문제가 있습니다."

❹ 말꼬리 잡고 늘어지기(논점 축소하기)

"그 사건이 있었던 것은 화요일이 아니라 수요일입니다."

이외에도 불리한 화제로부터 도망치는 방법을 궁리해보면 여러 가지가 있다. 어쨌든 불리한 화제, 논쟁에서 분명히 질 것 같은 화제로부터는 한시라도 빨리 도망쳐야 한다. 이것이 바로 고대 로마의 치열한 '언어 전투'를 경험한 키케로가 남긴 지혜다.

키케로의 한마디

불리한 화제로부터는 오직 도망칠 것. 단, 싸우고 있는 것처럼 보이며.

자신에게 유리한 화제로부터 절대 떠나지 않는다

일단 토론이나 논쟁에 임하게 되었다면, 앞에서 말했듯이 불리한 화제는 철저히 피하고 유리한 화제를 중심으로 싸워야 한다. 이 역시 키케로의 가르침이다. 이야기가 자신에게 유리한 쪽으로 흐르고 있으면, 절대로 화제가 다른 쪽으로 흘러가지 않게 막아야 한다.

자신에게 유리한 화제에 대해서만 논쟁을 벌인다

_

자신의 설득이 상대방의 반론을 단번에 물리칠 만큼 강한 근거와 논리로 무장하고 있다면, 오로지 그 화제에 머물며 설득을 계속해야 한다. 거꾸로 상대방이 제출한 반대 의견이 근거도 논리도 약한 경우라면, 상대방의 패배가 누가 봐도 명백해질 때까지 오직 그것을 집요하게 공격해야 한다.

이런 식으로 토론이나 논쟁을 진행해가면, 청중은 내 쪽이 이겼다고 판단해줄 것이다. 즉, 자신의 주장을 말하는 편이 유리하면 주장을 하고, 상대방의 의견을 공격하는 것이 유리하면 공격에 전념한다. 이것이 바로 키케로가 강력하게 권하는 토론 전략이다.

상대방을 궁지로 모는 질문법

_

질문으로 상대방을 공격할 때에는 그가 확실히 실점할 때까지 궁지로 몰아넣어야 한다. 실제 토론을 보면 모처럼 상대방의 약점에 대해 질문하며 공격을 잘해놓고도, 상대방이 끝까지 발뺌하며 얼버무리면 포기하는 경우가 많다. 키케로는 이것은 절대로 있어서는 안 되는 일이라고 강조했다. 만일 상대방이 대답을 피하는 경우에는 다음과 같이 추궁하면 된다.

❶ 표현 방법을 바꾸어 질문한다

"예전에 비해 2배의 비용이 들어간단 말인가요?"

"왜 지난번 비용은 이번의 절반입니까?"

❷ 대답을 앞질러 한 뒤, 상대방의 반론을 기다린다

"즉, 이번엔 비용이 2배로 들어간단 말씀이시군요. 거기서 문제가 되는 게…."

❸ 얼핏 관계가 없는 듯한 질문에 답하도록 한 뒤, 그 대답을 물고 늘어지며 따진다

"생각해보니 그 프로젝트는 아주 큰 규모였지요?"

"네."

"하지만 그때도 지금만큼 비용이 들어가지는 않았던 것 같은데요."

이런 식으로 질문하며 추궁하면, 어떤 상대든 패배를 인정할 수밖에 없다. 토론에서 반드시 이기려는 사람에게 이 정도 '끈질김'은 필수다.

논리로 질 것 같으면, 감정으로 승부한다

–

토론에서 다루는 주제 중에는 자신에게 유리한지 불리한지를 떠나 반드시 살펴보아야 할 또 다른 요소가 있다. 바로 '중요성'이다. 실제 토론에서는 아무리 불리해도 꼭 다루어야만 하는 주제가 있다. 예를 들어 상품 기획회의라면, '팔릴 것인가, 그렇지 않을 것인가'라는 문제를 피해갈 수는 없다. 만일 '팔린다'고 볼 객관적인 자료가 적어 논리적인 주장이 어려울 때 상품을 개발하는 쪽으로 사람들을 설득하려면, 어떻게 해야 할까?

지금까지 이 책을 읽어오며 키케로식 변론술에 익숙해진 독자들이라면 대답은 분명할 것이다. '감정론'으로 헤쳐 나가는 것이다. 예를 들어, 앞 장에서 이야기했듯 호감이나 증오의 감정을 부추기는 방법이 있다. 앞서 살펴본 예의 경우, '팔린다'는 자신의 주장이 회사(설득당하는 상대방)에게 이익이 될 뿐만 아니라, 사리사욕에서 나온 것이 아님을 강조한다. 또는 자신의 기획이 이 세상의 정의로운 자, 약자, 불쌍한 자를 위한 것임을 설명하는 방법도 좋다. 이것은 상대방이 자신에 대한 호감을 불러일으킬 수 있는 아주 좋은 방법이다.

혹은 자신의 의견에 맞서는 또 다른 주장, 즉 '팔리지 않는다'가 얼마나 회사에 해를 끼치는 의견인지를 강조해도 좋다. 경우에 따라서는 상대방의 사리사욕(현재의 자리 지키기)에서 나온 것 같다는 뉘앙스를 풍길 수도 있다. 반대 의견을 내는 사람을 미워하도록 감정을 불러일으키는 데 이보다 더 좋은 전략도 없기 때문이다. 즉, 논리로 헤쳐 나갈 수 없는 경우엔 감정을 이용해야 한다.

이처럼 **여러 가지 옵션을 미리 준비했다가 그때그때 적절히 사용하는 것이 로마식 변론술의 기본 전략이다.**

키케로의 한마디

이길 수 있는 조건이 갖추어진 곳에서만 전력으로 싸운다.

설득은 '네스토리우스적 순서'로

다음으로 살펴보고자 하는 것은 설득 각 과정에서 무엇을 말해야 하는지와 관련된 전략이다. 설득 첫머리에서는 무엇을 이야기하고, 사실을 설명하는 부분에서는 무엇을 이야기하며, 마무리 짓는 부분에서는 무엇을 이야기해야 하는가.

고대 로마 시대 변론술의 흐름

키케로가 활동할 당시 법정과 의회에서는 다음과 같은 흐름으로 변론이 이루어졌다.

❶ **머리말** … 도입

❷ **진술** … 주제를 둘러싼 사실 관계를 설명

❸ **쟁점 분류** … 내 주장에 어떤 반론이 따르는지 확인

❹ **입증** … 자신의 주장

❺ **반박** … 상대방의 주장에 반론을 펼침

❻ **종결** … 마무리 짓는 말

단, 이런 흐름은 당시에도 꼭 지켜야 하는 필수 사항은 아니었다. 진술 부분을 생략하거나 머리말에서 갑자기 입증이나 반박 부분으로 넘어가기도 한다. 당연히 로마식 변론술을 참고로 하는 우리도 순서에 집착할 필요는 없다. 사실 갑작스러운 설득 상황에서 순서를 그대로 지키기는 거의 불가능하다.

순서보다 오히려 더 중요하게 생각해야 할 것은 각 단계에서 어떤 말을 해야 할지에 대해 키케로가 가르쳐준 내용이다. 특히 도입부인 머리말, 사실을 설명하는 진술 부분, 설득 메시지가 있는 종결

부분에 대한 키케로의 설명에 주의할 필요가 있다.

우선 설득을 시작하고 끝맺는 법, 즉 머리말과 종결 부분에 대해 살펴보자.

처음에 '가장 강력한 주장'을 한다

–

설득에서는 **처음에 무엇을 말하는지가 아주 중요하다.** 내 눈앞에 있는 사람이 어떤 이야기를 할지에 대해 가장 큰 관심을 품고 있을 때가 도입 부분이기 때문이다. 키케로는 이런 도입의 중요성에 대해 이렇게 말하고 있다.

"말을 시작하는 순간, 바로 이전보다 유리하게 되었다는 인상을 줄 수 있어야 한다."

즉, **최초의 한마디로 승부를 보겠다는 결사적인 마음가짐으로 설득에 임하라**는 말이다. 이를 위해 키케로는 설득 내용을 다음과 같이 배치할 것을 권했다.

❶ 가장 강한 주장은 설득 첫머리에

❷ 두 번째로 강한 주장은 설득 종결 부분에

❸ 나머지는 정리해서 가운데에

이상은 수사학에서 '네스토리우스적 순서'라 불리는 것으로, 설득과 연설의 프로들 사이에서는 표준으로 자리 잡은 배치법이기도 하다. 이 경우 '강한 주장'은 강한 근거와 논리를 가진 것이어도 좋고, 감정을 선동하기 위한 강한 사실이어도 좋다. 어쨌든 도입 부분과 종결 부분에 설득력이 있으면, 듣는 사람은 전체적으로 설득력이 있다고 느끼게 된다.

두 번째 강한 주장을 마련해두면 좋은 이유

\-

실제로 '네스토리우스적 순서'를 사용할 때 두 번째로 강한 주장의 역할이 중요하다. 이것은 사실상 **토론의 흐름을 보면서 언제라도 사용하기 위해 준비해둔 비밀 병기다.** 토론에 아무런 문제가 없으면 예정대로 종결 부분에서 승리를 좀 더 확실히 하기 위해 두 번째 강한 주장을 제시하면 된다. 하지만 만일 설득의 흐름이 적의 반론 등으로 불리하게 되면 준비해둔 두 번째 주장을 즉시 제시하며 대항해야 한다. 이처럼 유연하게 토론의 흐름에 적응해가는 것도 '네스토리우스적 순서'의 매력이다.

처음과 마지막은 온화한 말투로

다음으로 이야기하고 싶은 것은 도입과 종결 부분의 말투다. 아무리 강력한 주장을 준비했다 해도 그것을 이야기하는 말투까지 너무 강렬해서는 안 된다. 앞에서도 언급했지만 도입부에서는 논리적일 뿐만 아니라 차분히 가라앉은 어조로 이야기하여 신뢰감을 연출하는 편이 유리하다.

듣는 사람의 감정을 선동해야 할 경우에도 종반에 이를 때까지 서서히 단계를 밟아 말투를 격렬하게 변화시켜야 한다. 그리고 가장 마지막 부분에선 다시 온화하면서도 논리적인 말투를 되찾아 천박해 보이는 것을 막아야 한다. 즉, **말투에도 완급 조절이 필요하다**는 사실을 늘 염두에 두어야 한다.

키케로의 한마디

강한 주장을 처음과 마지막에 두는 '네스토리우스적 순서'를 익힌다.

상황 설명에 꼭 필요한 것은 '생생함'

로마식 변론술의 '진술' 부분에서는 설득에 필요한 사실 관계를 듣는 사람에게 설명해주어야 한다. 이 과정은 필요할 때도 있고 그렇지 않을 때도 있다. 어느 쪽으로 할지에 대해 키케로는 '깊이 생각해서 판단해야 한다'고 가르쳤다. 상식적인 수준에서 판단하면 좋다고 본다.

사실 관계에 대해 다른 사람이 설명을 한 뒤라면 굳이 설명을 추가할 필요는 없다. 하지만 그 설명이 마음이 들지 않을 경우에는 다시 할 필요가 있다. 또 설득에 불리한 사실에 대해서는 절대 화제로 삼지 말아야 하고, 설득에 유리한 사실은 반드시 설명하고 넘어가야 한다.

'상황 설명은 간단히'라는 함정

키케로는 사실을 설명하는 방법(진술)에 대해 주의할 점을 한 가지 지적했다. 그것은 현대인들도 자주 듣는 '설명은 간단하게'라는 말의 함정이다. 키케로는 설명의 간결함이 오히려 설득의 걸림돌이 되는 경우도 많다고 했다. **간결함이 때로는 애매함을 불러오기 때문이다.**

키케로가 사실 관계 설명에서 '간결함'보다 더 중요하게 여긴 것은 '명료함'이다. 설득과 토론 현장에서 언급하는 사실은 대부분 설득 근거로 이용하기 위한 것이다. 이때 근거가 되는 사실이 주는 임팩트에 따라 그 주장의 설득력이 강한지 약한지가 좌우된다고 보아도 좋다.

"우리 회사는 위기에 처해 있다(근거). 지금부터 본격적으로 개혁하지 않으면 안 된다(결론)."

위와 같은 설득에선 '우리 회사는 위기에 처해 있다'는 근거가 되는 사실을 어느 정도 임팩트를 가지고 설명할 수 있는지가 설득의 성공 여부를 가르는 관건이다.

현장감이 넘치는 사실적인 묘사

설득하려는 상대방에게 사실을 설명할 때에는 가능한 한 생생하게 사실감 넘치는 묘사를 해주어야 한다. 치열한 설득과 주장이 펼쳐지는 현대인의 삶에서 듣는 사람의 마음을 움직이려면 사실을 얼마나 생생하게 전달하는지가 중요하다고 이미 언급한 바 있다. 즉, 설득할 때에는 듣는 사람이 최대한 현재감을 느낄 수 있도록 해야 한다.

따라서 **눈앞에서 정말 그 일이 일어나고 있는 것처럼 최대한 생생하게 설명하는 기술을 평소 익혀두어야 한다.** 보통 무엇이 원인이 되어 어떤 일이 일어났는지를 개인의 경험담을 인용하거나 현장에서 오고 간 대화를 섞어 세세하게 묘사하면 효과가 크다.

앞에서 예로 든 "우리 회사는 위기에 처해 있다"는 근거를 들 때에도 듣는 사람의 머릿속에 위기 상황이 생생하게 그려지도록 이야기하면 된다. 사기가 떨어진 부서의 모습, 아이디어가 나오지 않는 회의 모습, 심각한 재정 상황 때문에 벌어지는 일들을 구체적으로 묘사하면 '현재감'을 높일 수 있다. 이때 4장에서 다루었던 '현재감'의 법칙을 참고로 하면 더욱 좋다. 그 내용을 다시 한번 살펴보자면, 다음과 같다.

❶ 듣는 사람이 당사자(피해자)임을 강조한다
❷ 정보에 동영상이나 녹음 자료처럼 감각에 호소하는 것을 첨가한다
❸ 동물이나 어린이 같은 '약자'를 예로 든다

이런 법칙을 적용해 설명한 사실에 듣는 사람이 충분히 '현재감'을 느낀다면, 그것을 바탕으로 한 주장에는 설득력이 생길 수밖에 없다.

키케로의 한마디

사실 설명은 그 상황이 눈앞에 떠오르도록 생생하게 한다.

설득이 실패하는 4가지 이유

키케로는 이 장의 앞부분에서 이미 밝혔듯이 토론이나 논쟁에선 득점보다는 실점을 막는 데 주력해야 한다고 강조했다. 그렇다면 과연 토론에서 '실점'이란 무엇일까? 아무래도 '듣는 사람으로부터 불평을 사는 것'이 가장 큰 실점이라 할 수 있다. 따라서 상대방이 부정적인 인상을 품게 만드는 것은 반드시 피해야 할 '실점'이다.

키케로는 토론할 때 부정적인 인상을 주는 원인과 그에 대한 대처법을 명백히 밝히고 있다. 심지어 이 장의 마지막에서는 '청중으로부터 야유 받을 때'라는 비상사태에 대처할 방법에 대해서도 참고할 만한 가르침을 주고 있다.

무엇이 문제인가

키케로는 부정적인 인상을 만드는 원인으로 다음 4가지 요소를 들고 있다. 아마 모두 키케로가 직접 목격하거나 경험했던 일일 것이다.

❶ 이야기 방법과 표현에 대한 불평

❷ 이야기하는 사람 자신에 대한 불평

❸ 설득 내용 자체에 대한 불평

❹ 듣는 사람의 당시 기분에 따른 불평

즉, 이 4가지만 피하도록 전략을 세우면, 자신의 설득에 대해 듣는 사람이 불평할 일은 거의 없을 것이다. 그리고 이 4가지 요소는 모두 지금까지 살펴본 로마식 변론술의 내용을 잘 따르면 사전에 충분히 예방할 수 있는 것들이다.

로마식 변론술로 '불평 리스크'에 대비한다

로마식 변론술에서는 다음 3가지 요소를 빠짐없이 갖추도록 권하고 있다.

❶ 논리적인 설득력

❷ 설득하는 사람의 좋은 인상

❸ 상대방의 감정을 움직이는 호소력

만일 위의 3가지 요소 중 어느 하나라도 소홀히 하면, 듣는 사람의 불평을 일으키기 쉽다. 논리적인 설득을 소홀히 하면 설득 내용에서 불만을 사기 쉽고, 상대방에게 좋은 인상을 주지 못하면 이야기하는 사람 자신이 미움을 받아 이야기 내용까지 인정받기 어려워진다. 그리고 듣는 사람의 감정에 호소하지 못하면, 그의 기분이 좋지 않을 경우 설득에 실패할 확률이 높아진다.

로마식 변론술은 설득에서 반드시 이기기 위한 기술이다. 따라서 지금까지 살펴본 것이나 앞으로 살펴볼 것 중에서 소홀히 해도 되는 것은 한 가지도 없다. 어느 것이나 듣는 사람의 불평을 미연에 방지하기 위한 '무기'다.

로마 변론가들의 매도에 대한 대처법

키케로 시대에 의회나 법정에서 변론할 때 청중의 반응은 현대인들은 상상조차 하기 어려울 정도로 격했다. 고함치며 비난하고 물건을 던지는 가운데 조금 전까지 설득하며 주장하던 사람의 목소리는 사라져버리기 예사였다.

그렇다면 당시 변론가들은 이런 상황을 어떻게 헤쳐 나갔을까? 키케로는 다음과 같은 4가지 방법을 예로 들었다. 이 방법들은 SNS에서 문제가 되는 악성 댓글 대처에도 많은 참고가 될 것이다.

❶ 힐책한다

"시끄러워요. 조용히 하고 내 말 좀 들으세요!"라고 화내며 소리 지르는 방법이다. 이야기하는 사람이 듣는 사람보다 권위 있는 인물일 때 사용하는 방법이다.

❷ 온화하게 힐책한다

1번보다 온화한 말투로 힐책한다는 뜻이다. "그런 태도로 괜찮겠습니까?"라고 비판하는 방법이다.

❸ "일단 잠자코 들어보면 반드시 찬성하게 될 것입니다"라고 약속한다

자신의 설득이 올바르다는 것을 담보로 삼아 "일단은 이야기 좀 들어보세요"라고 강조하는 방법이다.

❹ "말이 좀 서툴지만, 당신(듣는 사람)에겐 아주 유익한 내용입니다"라고 변명한다

감정을 선동하여 상황을 극복하는 방법이다. 4장에서 본 것처럼 설득 내용이 듣는 사람에게 유익하다는 것을 부각시켜 그의 호감을 살 때 쓰는 기술이다.

전략을 알았다면 다음은…

이 장에선 설득과 토론에 임할 때의 전략에 대해 소개했다. 설득 전체를 지금까지 설명한 것과 같은 전략을 기초로 진행해가면 토론의 승률은 상당히 올라갈 것이다. 그렇다고는 해도 아직 문제는 남아 있다. '설득하기 위해 주장하는 한마디 한마디를 어떤 식으로 표현해나갈 것인가' 하는 점이다. 즉, 말투나 말씨에 대한 문제다. 따라서 다음 장에서는 키케로가 가르쳐주는 표현법에 대해 알아볼 것이다.

키케로의 한마디

상대방에게 싫은 인상을 주지 않는 것이 로마식 변론술이다.

6장

표현력을 닦다

로마식으로 말하는 법

표현력은 '최후의 일격'

이번 장부터는 주장과 설득 내용을 어떤 식으로 표현하면 좋을지에 대한 키케로의 가르침을 살펴보고자 한다. 물론 키케로는 라틴어를 사용했던 고대 로마 사람이라 현대인인 우리가 사용하는 언어에 대해서는 전혀 모른다. 하지만 철학자이기도 했던 키케로는 자신의 주장을 말로 표현할 때 어떤 언어에서도 사용할 수 있는 보편적인 법칙을 탐구하고자 했다. 따라서 그가 발견한 표현 원리에 대한 가르침은 다양한 언어를 사용하는 현대인들도 폭넓게 참고할 수 있을 것이다.

무엇보다 중요한 것은 '내용'

설득할 때의 표현법이나 말투를 가르치면서 키케로가 가장 중요하다고 강조한 사실은 다음 한 문장에 담겨 있다.

> "말하는 내용이 고상하면, 그 말에서 자연스럽게 어떤 종류의 빛이 생긴다."

훌륭한 내용이 있으면, 자연스럽게 그것을 표현한 말도 훌륭해진다는 의미다. 이에 대해 키케로는 '사실과 사상에는 내재적 힘이 있고, 그 힘에 의해 자연스레 말이 생겨난다'고 보았다. 말하는 내용의 힘이 그만큼 강력하다고 본 것이다.

표현력만으로 평가되는 것은 아니다

-

세상 사람들이 '명언'으로 평가하는 말에 대해 살펴보자. 작가, 시인, 정치가 등은 말로 먹고사는 사람들이니 제외하고, 우리가 흔히 말이 유창하다고 생각하지 않는 운동선수들이 남긴 명언 중엔 다음과 같은 것들이 있다.

> 축구가 간단한 운동이라고 생각한 적은 한 번도 없다.
>
> – **지네딘 지단** · 프랑스 축구 선수

> 제3자의 평가를 의식하는 삶의 방식을 따르고 싶지 않다. 나 자신이 납득할 수 있는 삶을 살고 싶다.
>
> – **스즈키 이치로** · 일본 야구 선수

> "다시 태어나면 이렇게 하고 싶다"라고 말하는 사람이 있지만, 다음은 없다.
>
> – **다쓰요시 조이치로** · 일본 권투 선수

모두 절묘한 언어 선택이나 문학적인 비유와는 거리가 멀다. 오히려 자신의 생각과 마음을 그대로 드러낸 소박한 표현들이다. 하지만 듣는 사람은 "과연 맞는 말이네!" 하고 감탄을 한다. 모두 표현 방법은 평범했지만, **말하고 있는 내용이 훌륭했기 때문이다.**

말로 표현하는 것은 항상 그 내용과 관련되어 평가받는다. 내용이 형편없으면, 아무리 절묘한 표현을 쓴다 해도 오히려 듣는 사람은 '말만 번지르르하네' 하고 혹독한 평가를 내린다. 이때 표현이 절묘하면 절묘할수록 상대방은 더욱 불쾌하게 생각할 것이다.

따라서 설득하기 위해 어떤 주장을 펼치려는 사람은 우선은 내용부터 신경 써야 한다. 이 책의 앞부분에 정리해놓은 키케로의 가르침을 참고하여 말하는 내용이 훌륭하다는 평가를 받을 수 있도록 해야 할 것이다. 훌륭한 내용이야말로 키케로가 설명하는 좋은 표현의 필수 전제조건이다.

키케로의 한마디

아무리 훌륭한 표현도 훌륭한 내용이 함께하지 않으면 설득력은 생기지 않는다.

'말솜씨가 좋다'는 평가의 위험

키케로는 설득에서 너무 유창한 말솜씨를 발휘하는 것에 대해 경계하고 있다. 듣는 사람이 쉽게 싫증 내거나 질려버릴 수 있기 때문이다.

능숙한 말솜씨는 달콤한 맛

—

키케로는 변론 중에 유창하게 펼쳐지는 말솜씨를 달콤한 맛에 비유했다. 달콤한 맛은 강렬한 기쁨을 주는 맛이지만, 금방 질리고 만다. 그래서 아무리 맛있는 달콤한 음식도 그것만 계속 먹을 수는 없다.

키케로는 설득하는 말에도 단맛처럼 강렬한 표현만 계속되면 안 된다고 보았다. 늦추고 당기며 표현의 강약을 조절해야 듣는 사람이 질리지 않기 때문이다. 즉, 유창한 말솜씨로 상대방을 부추기는 부분과 평범한 표현으로 가라앉히는 부분을 섞어 완급을 조절할 필요가 있다.

인상적인 문구는 '바로 여기'라고 할 만한 부분에만 사용한다

—

인상적인 문구의 사용법은 요즘 우리가 외래어를 사용하는 방법과 비교하면 쉽게 알 수 있다. 가끔 인터넷이나 잡지에서 유머의 소재로 이용되는 다음과 같은 말을 살펴보자.

"지금 우리 회사에 모스트 임폴턴트한 것은 올터너티브한 프로젝트를 베스트 프랙티스할 수 있는 셀프 스타터 같은 사람이다."

왜 이 말이 웃음거리가 되었을까? 아마도 시종일관 낯선 외국어로 도배를 했기 때문일 것이다. 강한 인상을 남기는 단어가 너무 많은 이런 말을 들으면, 대부분 도대체 무슨 뜻인지 이해도 못한 채 질리고 만다. 이 역시 키케로식으로 표현하자면 단맛이 지나치게 넘쳐나는 말이다. 그렇다면 이 말에서 단맛을 조금 덜어내고 나름 인상적이면서도 이해하기 쉬운 표현으로 바꾸어보자. 아마 다음과 비슷하게 될 것이다.

"지금 우리 회사에 가장 필요한 것은 대안이 될 만한 기획을 수행할 셀프 스타터 같은 사람이다."

이 말에서는 유독 '셀프 스타터(자발적으로 행동하는 사람)'란 단어가 눈에 띄기 때문에 그 자체로 강조 효과가 있다. 듣는 사람에 따라 "셀프 스타터가 무슨 뜻이야?" 하면서 끌리는 사람도 있을 것이고, 혹은 "요즘 유행하는 셀프 스타터 말이군" 하고 금방 알아듣는 사람도 있을 것이다.

이처럼 설득할 때 중요한 부분을 다른 부분과 구별된 표현법으로 강조하는 것을 이야기에 강약을 준다고 한다. 키케로식으로 말하자면 표현에 강렬한 맛과 평범한 맛을 섞어 완급을 조절하는 것이다.

키케로의 한마디

'맛이 진한 표현'은 강조해야 할 부분에만 사용한다.

신기하고 낯선 말, 조어, 비유

설득할 때 '여기를 주목하세요!'라고 강조하고 싶은 부분에는 어떤 표현을 이용하면 좋을까? 키케로는 이런 부분을 강조할 때 큰 효과를 보고 싶다면, '1. 신기하고 낯선 말, 2. 조어, 3. 비유'라는 3가지 도구를 사용하도록 추천하고 있다.

❶ 신기하고 낯선 말

신기하고 낯선 말은 평소에 들어보지 못한 새로움 때문에 듣는 사람에게 주는 임팩트가 크다. 키케로는 지금 사용하지 않는 오래된 말을 써보라고 추천했다. 하지만 현대인들은 앞에서 예로 들었듯 낯선 외국어 및 외래어를 사용하는 것도 좋다.

❷ 조어

스스로 새로운 말을 만들어내는 것도 아주 효과가 큰 수단이다. 자신의 독창적인 아이디어에 '○○ 메소드'와 같은 이름을 붙이거나 어떤 사람을 비난할 때 '고구마 먹을 때처럼 답답하다'는 뜻으로 '고답이'란 표현을 만들어 썼다고 해보자. 마침 이 말이 딱 들어맞는 경우라면, 아주 강력한 효과를 발휘하게 될 것이다. 단, 상황에 딱 들어맞는 신조어를 생각해내는 것 자체가 쉬운 일은 아니다. 나름 언어에 대한 감각이 필요하기 때문이다.

❸ 비유

비유란 비유하는 것과 비유되는 것 사이의 공통점을 이용해 그것을 듣는 사람에게 강조하는 표현법이다. 예를 들어, 어떤 육상 선수의 다리를 '산양의 다리와 같다'라고 비유했다고 하자. 이것은 듣는 사람의 머릿속에 산양의 다리처럼 '날씬하면서도 튼튼한 이미지'를 불러일으켜, 육상 선수의 다리가 그런 모습이란 것을 강조한 비유다. 만일 이때 같은 육상 선수의 다리에 대해 '강철 같다'라고 비유한다면, 강철의 '강인함'을 빌려와 그것을 선수의 다리가 가진 특성으로 강조하고자 한 것이다.

이처럼 같은 사물도 무엇에 비유하는지에 따라 주목해야 할 특징이 달라진다. 즉, 비유란 그것을 읽거나 듣는 사람에게 그 사물의 어떤 특징에 주목해야 할지를 정해주는 특성이 있다. 그런데 이런 비유라는 표현법에는 그다지 널리 알려지지 않은 숨겨진 효과가 한 가지 더 있다. 이에 대해서는 다음 단락에서 알아보자.

키케로의 한마디

듣는 사람이 주목해주었으면 하는 분야를 표현할 때에는 '신기하고 낯선 말', '조어', '비유'를 사용해 강조한다.

비유의 가장 중요한 역할은 '이미지 컨트롤'

비유라는 표현 방법에는 중요한 특성이 한 가지 있다. 그것은 어떤 것에 비유하면 반드시 비유한 것에 속한 '덤 이미지'가 따라온다는 사실이다.

'덤 이미지'를 활용한다

육상 선수의 다리를 "산양 같다"고 비유하면, 산양의 다리가 지닌 '튼튼하면서도 날씬한 이미지'를 육상 선수의 다리에서 느낄 수 있게 된다. 그런데 이때 일어나는 또 다른 중요한 현상은 산양이 지닌 다른 이미지들이 덤으로 따라온다는 사실이다. 예를 들어 '야생', '가련함', '귀여움' 같은 이미지가 은연중에 머릿속에서 떠오르게 된다.

쫀득쫀득 씹히는 식감이 있는 맛있는 음식을 먹게 되었다고 가정해보자. 그런데 이때 "고무 타이어로 만든 튜브를 씹는 것 같다"고 하면 어떻게 될까? 아무리 식감을 사실적으로 전달했다 해도 맛있는 느낌은 싹 사라져버릴 것이다. 그 이유는 타이어로 만든 튜브의 고무 냄새라든가 '애초에 먹지 못하는 것'이란 '덤 이미지'가 뇌리를 스치기 때문이다.

이런 '덤 이미지'의 지배력이야말로 비유의 가장 중요한 역할이다. 즉 어떤 것을 좋게 보이도록 만들려면 긍정적인 덤 이미지를 가진 것에 비유하면 되고, 나쁘게 보이도록 만들려면 부정적인 덤 이미지를 가진 것에 비유하면 된다.

따라서 키케로는 **설득할 때에는 질이 낮은 것, 더러운 것에는 비유하지 말아야 한다**고 가르쳤다. 그런 비유는 '부정적인 이미지'를 만들어 분별력이 있는 청중의 불평을 사는 원인이 되기 때문이다.

현대인들의 과잉 비유

요즘 벌어지는 토론이나 논쟁을 살펴보면, 키케로라면 얼굴을 찡그릴 조잡하고 극단적인 비유가 너무 흔하게 쓰이고 있다. 부정적인 상황을 보면 '지옥' 같다고 하고, 자신과 입장이 다른 사람을 보면 '악마' 같다고 하며, 자신과 같은 의견을 가진 사람을 보면 '신'과 같다고 한다. 정치적인 토론 현장을 봐도 대중을 감정적으로 선동하기 위한 과잉 비유가 넘쳐난다. 좌파는 우파 지도자를 '히틀러'라 부르고, 우파는 시민운동가를 '테러리스트'라 부르면서 서로를 비난한다. 현대인들의 토론에서는 비유로 맛을 더하는 강도가 키케로의 시대보다 더 심해지고 있다.

토론 중에 적이 이런 비유로 공격해오면 대항책은 단순하다. 차분하게 비유가 지나치다고 주장하면서, 비유 대상과 '닮지 않은 점'을 강조하면 된다. 예를 들어, 자신이 강력하게 밀어붙이는 행위에 대해 적이 '강도' 같다고 비유하면, 일단은 자신과 강도의 비슷한 점은 무시한다. 그리고 둘 사이의 다른 점을 강조하면서, "법을 어기지는 않았습니다", "무언가를 훔친 적은 없습니다"와 같은 주장을 펼친다. 마지막으로 "그런 궤변을 늘어놓다니 당신이야말로 사기꾼이나 마찬가지입니다"라고 반박한다.

키케로의 한마디

비유를 사용할 때는 '덤 이미지'를 잘 이용한다.

설득에서 유머의 역할

키케로는 설득을 잘하려면 유머를 구사하거나 남을 웃기는 데도 뛰어나야 한다고 보았다. 물론 키케로 시대의 유머나 개그는 현대인들이 듣고서 웃음을 터뜨릴 그런 종류는 아니라고 본다. 사실 웃음을 유발하는 포인트는 시대의 흐름과 함께 변한다. 20년이나 30년 전 개그 프로그램만 해도, 지금 그것을 보며 웃을 수 있는 사람은 드물다.

하지만 사람들이 어떤 때 웃음을 터뜨리고, 웃음을 터뜨린 사람은 어떤 생각을 하게 되는지와 관련된 원리나 원칙은 대부분 변하지 않았다. 키케로가 주목한 것도 이런 원리 원칙이다.

그럼 지금부터는 키케로가 가르친 유머의 원리를 살펴볼까 한다. 그의 저서들을 두루 살펴보면 아무래도 키케로 자신이 다른 사람을 웃기는 것을 좋아했던 듯하다.

상대방을 웃기면 좋은 점

키케로는 토론에서 상대방을 웃기면 좋은 점을 다음과 같이 정리했다.

❶ 듣는 사람이 긴장과 경계심을 풀고, 설득하는 사람에 대해 호의적인 분위기를 만들어낸다

❷ 이야기하는 사람이 두뇌 회전이 빠르고 멋진 사람이란 인상을 주게 된다

❸ 웃음이 터지는 순간 반대 의견은 별로 중요하지 않은 문제가 되어버린다

❹ 듣는 사람의 심각함과 엄격함을 누그러뜨린다

외국의 유명한 경영자나 학자의 연설을 들어보면 반드시 유머가

섞여 있다. 이때 유머가 청중에게 주는 효과를 살펴보면, 유머에 대한 키케로의 분석이 옳다는 것을 알 수 있다. 특히 위의 1번과 2번은 굳이 설명을 덧붙이지 않아도 누구나 인정하는 효과다. 3번의 '웃음이 터지는 순간 반대 의견은 별로 중요하지 않은 문제가 되는' 현상도 주변에서 종종 볼 수 있을 것이다. 유머에는 반대 의견이 그다지 심각한 것이 아니라고 웃어넘길 수 있게 만드는 힘이 있다.

설득하는 사람 측이 반대 의견에 대해 "그의 의견은 ○○가 ××하고 있는 것이나 마찬가지다"라며 듣는 사람이 웃음을 터뜨릴 만한 비유를 했다고 치자. 이때 실제로 웃음이 터지면 아무리 심각한 분위기도 누그러져 반대 의견은 웃어넘길 만한 심각하지 않은 제안으로 변하고 만다. 이것은 흔히 있는 일이다. 절묘한 비유로 반대 의견을 바보 같은 말로 만들어버리면, 때로 논리적인 반론보다 효과적이다.

다음으로 4번 '듣는 사람의 심각함과 엄격함을 누그러뜨리는' 효과에 대해 살펴보자. 긴급한 일이 생겨 크리스마스이브에 늦게까지 남아 일해야 하는 상황이라고 가정해보자. 이럴 때 동료에게 "지금 우리, 영화 〈다이하드〉 같지 않아?"라고 농담을 해보자. 다른 사람들이 놀 때 야근해야 하는 긴박한 상황에서 모두가 위축되어 있을 때 이런 농담을 던지고 서로 웃다 보면, 조금이나마 마음의 여유를 찾을 수 있게 된다. 비극적인 현재 상황에 대한 환멸을 웃음거리로 표현한 블랙 코미디가 전쟁터 같은 곳에서 생겨나는 것도 알게 모르게 이런 효과를 노린 것일지도 모른다.

이상으로 설득할 때 듣는 사람을 웃기면 어떤 효과가 있는지에 대해 알아보았다. 단, 여기서 주의해야 할 점은 설득을 할 때 무조건 웃겨야 할 필요는 없다는 사실이다. **웃길 필요가 있는 부분에서만 웃기면 된다.** 특히 유머는 이것을 잘 활용하는 사람과 그렇지 못한 사람의 차이가 심하므로 '무리는 금물'이다.

웃음의 종류

키케로는 설득 현장에서 사용할 수 있는 유머를 다음과 같이 분류했다.

❶ 듣는 사람의 예상을 뒤엎는 표현과 논리

❷ 듣는 사람이 마음에 들어 하지 않는 사람에 대한 독설

❸ 듣는 사람이 마음에 들어 하지 않는 사람의 바보스러운 언동을 흉내 내는 것

❹ 딱딱한 화제를 다루면서 일부러 그와 관련된 하찮은 이야기를 섞는 것

❺ 정말 말하고 싶은 것을 직접 이야기하지 않고, 돌려 말하며 비꼬는 것

위 5가지 유머의 가장 중요한 공통점은 모두 **듣는 사람이 유머에 사용된 소재를 어떻게 받아들일지를 제대로 상상할 수 있어야 한다는** 사실이다. 예를 들어 누군가의 웃긴 실패를 웃음거리의 소재로 삼았을 때, 마침 듣는 사람이 비슷한 경험을 했다면 결코 웃지 못할 것이다. 즉, 여기서도 중요한 것은 듣는 사람에 대한 관찰과 파악이다. 이것을 게을리 한 유머는 역효과를 낼 가능성이 크다.

자학적인 유머는 역효과

설득할 때의 유머는 코미디 프로그램에서 사용되는 유머와는 다르다. 따라서 웃길 수만 있으면 뭐든 좋다는 생각은 큰 오산이다. 키케로는 다음과 같은 방법으로 사람을 웃기는 것은 의회나 법정의 설득에는 어울리지 않는다고 보았다.

❶ 과도한 흉내

❷ 지나친 표정

❸ 음담패설

❹ 자학 유머

1~3번까지는 누구라도 싫어하는 것이므로 피해가기가 쉽다. 문제는 4번의 '자학 유머'다. 자학적인 유머는 자신의 부정적인 요소, 즉 능력이 떨어지거나 혜택받지 못한 환경 등을 예로 들며 듣는 사람을 웃기는 것이다. 의외로 업무상 대화를 나눌 때에도 많이 사용되는 화법이지만, 의도와는 다른 역효과를 보기 쉽다.

겉으로는 웃고 있지만 **'저렇게 부족한 사람이 하는 이야기를 믿어도 될까?' 하는 의심이 들기 쉽기 때문이다.** 특히 처음 만난 사람을 설득할 때에는 얼마나 '믿을 만한 사람'으로 보이는지가 아주 중요하다. 그런 의미에서 자학 유머는 위험한 무리수임을 기억해야 한다.

키케로의 한마디

자학 유머는 상대를 설득하는 상황에서는 피해야 한다.

로마식 칭찬 기술

키케로는 저서 《변론가에 대하여》를 통해 누군가를 칭찬하기 위한 '상찬 연설'에 대해 설명하고 있다. 물론 우리가 일상 속에서 그런 연설을 할 기회는 거의 없을 것이다. 하지만 키케로가 가르쳐주는 상찬 연설의 기술은 '듣는 사람이 납득할 수 있는 칭찬법'과 관련 있기 때문에 현대인들이 크게 참고할 만하다.

반드시 칭찬해야 할 것은 상대방의 내면

—

키케로가 강조하는 '칭찬법'의 핵심은 다음 한 줄에 응축되어 있다.

"태생, 용모, 체력, 부유함, 그 외 자연스럽게 가지게 된 외적인 요소나 신체적 특징 그 자체는 진정으로 칭찬받을 만한 장점이 아니다."

이 말은 '미인이다', '날씬하다', '좋은 환경에서 자랐다' 등은 칭찬할 만한 점이 아니라는 의미다. 이것들은 자신이 노력하여 갈고 닦은 것이 아니라 그냥 주어진 것이기 때문이다. 물론 일대일로 상대를 직접 칭찬해줄 때라면, 이런 외적인 요소를 칭찬해도 좋다. 하지만 설득해야 할 상대방에게 어떤 사람의 평판을 전달할 때에는 이런 식으로 칭찬하는 것은 효과가 없다. "정말 훌륭한 분이군요"라는 공감을 얻어내기 어렵기 때문이다.

그렇다면 다른 사람을 칭찬할 때엔 어떤 점에 주목해야 할까. 키케로는 '덕(德)'을 강조했다. 즉, **그 사람의 '뛰어난 내면'을 보여주는 '상냥함', '관대함', '정신적인 강인함', '정의로움', '친절함', '의리', '용기' 등을 칭찬해야 한다.**

내면을 칭찬할 때 구체적인 사례는 필수

내면을 칭찬할 때 다음과 같이 한마디만 한다면 무언가 부족하다.

"그 사람은 정말 정이 많은 남자입니다."

만일 듣는 사람이 이 남자에 대해 좀 더 좋은 인상을 갖도록 하고 싶다면, 구체적인 사례를 들려주어야 한다. 눈에 보이지 않는 내면을 칭찬할 때에는 그것이 드러난 언행을 예로 드는 것이 가장 효과적이기 때문이다.

"그 사람은 정말 정이 많은 남자입니다. 한밤중에 컴퓨터가 고장 나 쩔쩔매고 있었는데 달려와서 고쳐주었지 뭡니까?"

이런 식으로 자신의 경험을 들려주면 설득 효과는 더욱 높아진다. 특히 방금 일어난 일을 이야기하듯 생생하게 '현재감(4장 참조)'을 가지고 설명한다면 가장 좋을 것이다.

칭찬할 때 예로 들면 좋은 에피소드

키케로는 누군가를 칭찬하기에 가장 좋은 사례들을 다음과 같이 열거하고 있다.

❶ 자신에게 아무런 이익이 되지 않는데도 다른 사람들을 위해 한 일

❷ 고생과 위험을 이겨내고 이룬 일

❸ 역경에도 좌절하지 않고 참아낸 일

❹ 공적인 기관이나 조직으로부터 표창 받은 일

❺ 중요한 성과를 이루어낸 일

❻ 그 사람이 최초로 이루어낸 일

모두 내면의 훌륭함을 잘 드러내주는 사례다. 누군가를 칭찬할 때에는 부디 이런 사례들을 찾아보기 바란다. 마지막으로 다시 한번 강조하자면, 칭찬해야 할 것은 어디까지나 그 사람의 '덕'이며, 행위나 공적은 '덕'을 뒷받침하는 재료에 지나지 않는다는 사실이다.

칭찬은 인간을 아는 행위

키케로는 칭찬 기술을 설명하면서 '변론가는 인간의 덕에 대해 잘 알고 있어야 한다'고 했다. 즉, **사람을 칭찬하기 위해서는 '좋은 사람이란 어떠해야 하는가'를 깊이 인식해야 하며**, 이런 인식을 얻기 위해서라도 더욱 다른 사람을 칭찬해주어야 한다고 강조했다. 이 말의 의미를 좀 더 확장해보면, 인간 본성을 알면 설득을 할 수 있고, 설득을 하면 인간 본성에 대한 이해가 더욱 깊어진다는 뜻이다.

키케로가 본 '설득의 기술(변론술)'이란 이런 2가지 축 사이를 오가는 왕복운동이며, 인간 본성을 탐구하는 일종의 철학이었다.

다음 장에서는 마지막으로 '설득의 기술을 갈고닦으려면 무엇이 필요한가', '설득의 기술은 무엇을 위한 것인가'에 대해 키케로의 로마식 변론술을 통해 알아보고자 한다.

키케로의 한마디

구체적인 사례를 들며, 그 사람 '내면'의 훌륭함을 칭찬한다.

7장

한 단계 더 높은 설득력을 위해

기초를 갖춘 뒤 더욱 설득력을 높이기 위해

이 장에서는 마지막으로 지금까지 보아온 키케로의 가르침을 바탕으로 어떻게 '설득의 고수'가 될 수 있는지를 살펴볼 것이다. 키케로는 이에 대해서도 다음과 같은 가르침을 주고 있다.

❶ 롤 모델이 될 만한 설득 고수를 찾는다

❷ 고수가 설득에 나설 때 가장 뛰어난 부분을 찾는다

❸ 실제로 설득 현장에서 그것을 흉내 내본다

여기서 가장 중요한 것은 2번이다. 무언가를 배울 때 **자신이 그렇게 되고 싶은 인물**(가까이 있는 사람도 좋고 유명인도 좋다)**을 흉내 내는 것이야말로 학습의 첫걸음**이기 때문이다. 하지만 일이나 태도 등에서 설득과 관련 없는 비본질적인 부분을 흉내 낸다면 별 의미가 없다. 또 동경한 나머지 결점까지 흉내 내버리면 오히려 역효과를 보게 될 것이다.

'설득'에 뛰어난 사람을 철저하게 분석

설득의 고수를 만났을 때 가장 먼저 해야 할 일은 그의 어떤 부분이 뛰어난지를 분석하는 것이다. 분석에 필요한 도구는 이미 마련되어 있다. 지금까지 살펴본 키케로의 가르침을 활용하면 된다. 하나하나 열거해보자면 다음과 같다.

❶ 어떤 근거를 제시하고 있는가

❷ 어떤 논리로 근거와 결론을 연결하고 있는가

❸ 어떤 태도와 어조를 사용하고 있는가

❹ 듣는 사람의 감정을 어떻게 선동하고 있는가

❺ 어떤 방법으로 이야기를 시작하고 있는가

❻ 어떤 방법으로 이야기를 매듭짓고 있는가

❼ 어떤 설명법을 사용하고 있는가

❽ 어떤 말투를 사용하고 있는가

❾ 사전에 어떤 준비를 하는가

우선 중요한 요소들만 간추려보았다. 앞에서 살펴본 키케로의 가르침을 바탕으로 설득의 고수가 뛰어날 수밖에 없는 원인을 찾으며 장점을 알아보자. 이 과정에서 고수의 장점을 흉내 내고 실천하다 보면, 자신과 딱 맞는 것들을 발견해 스스로의 무기로 삼을 수 있게 된다. 이것이 바로 키케로가 가르쳐주는 '설득 고수가 되는 바른 길'이다.

글로 써보면 더욱 실력이 는다

키케로는 설득이 능숙해지려면 다음과 같이 하도록 권했다.

"설득 고수를 닮아가고 싶은 사람은 열심히 빈번하게 흉내 내며 실천하는 것은 물론이고, 무엇보다 쓰는 행위를 통해 그를 닮고자 하는 목적을 달성해야 한다."

즉, 고수의 글을 따라 써보라는 말이다. 자신이 롤 모델로 삼은 사람이 유명인이고, 저서가 있다면 더없이 좋은 조건이다. **그의 책을 펼치고 문장을 하나하나 베껴 써보자. 그의 사고 구조와 표현법을 충분히 맛보고 깨달으며 자기 것으로 만들 수 있게 된다.**

매일 서류나 이메일을 쓸 때 정중하고 알기 쉬운 표현을 사용하려고 노력하는 것도 설득 능력을 키우는 데 큰 도움이 된다. 상대방이 이해하기 쉬운 표현이 무엇인지를 생각하는 계기가 될 뿐만 아니라, 자신이 자주 사용하는 논리와 표현을 점검하며 그 효과도 검증해볼 수 있다.

같은 이유로, 프레젠테이션 등에서 발표할 원고를 써보는 것도 많은 공부가 된다. 물론 아무리 훌륭한 원고를 작성했다 해도 실제 프레젠테이션에서 원고를 줄줄 읽는 데 그쳐서는 곤란하다.

전문 지식은 최소한으로 갖추어둔다

키케로는 이상적인 변론가는 모든 분야에 대한 지식을 두루 갖추어야 한다고 보았다.

"자유인이 알아둘 만한 모든 학문을 갈고닦아야 변론가로 인정 받을 자격이 있다."

이 말은 변론가가 수학, 역사, 문학, 공학, 음악 등과 같은 모든 분야의 전문 지식을 갖추어야 한다는 뜻이 아니다. 애초에 그런 일은 불가능하다. **키케로가 말하고 싶은 것은 모든 분야에 두루두루 골고루 관심을 가져야 한다는 사실이다.** 이 사실을 늘 염두에 두고 실천하면 어떤 새로운 분야에서 설득할 때도 꺼리거나 헤매는 일 없이 적극적으로 임할 수 있다.

또 폭넓은 분야에 관심을 갖는 것은 인간이란 존재에 대한 안목을 키워 설득에 능숙해지는 데도 큰 도움을 준다. 인간을 제대로 파악하고 있는지 어떤지는 설득의 성패를 좌우하는 본질이기 때문이다.

키케로의 한마디

설득에 능숙해지기 위해서는 '흉내 내고', '써보고', '아는' 것이 필요하다.

설득이란 '인간에 대해 생각하는' 행위

키케로는 타인을 설득하는 기술인 변론술을 단순히 살아가는 데 필요한 '편리한 요령' 정도로만 생각하지 않았다. 그는 설득의 기술을 인간이란 존재에 대해 생각하는 철학과 같은 것으로 보았다. 따라서 인간을 잘 알게 됨으로써 설득에 능숙해지고, 거꾸로 설득하는 과정에서 인간을 더욱 잘 알게 된다고 믿었다. 따라서 키케로에게 설득이란 이런 두 가지 축 사이를 왕복하는 행위이기도 했다.

항상 생각하는 것은 '상대방'

–

지금까지 살펴본 내용을 전체적으로 다시 훑어보자. 설득이란 근본적으로는 듣는 사람이 인정하는 근거를 제시하고, 듣는 사람이 올바르다고 생각하는 논리로 내가 주장하는 결론까지 이끄는 것이다. 이 과정에서 때로는 듣는 사람의 내면을 관찰해 그의 감정을 선동하기도 해야 한다. 또, 다른 사람이 제시할 반론도 사전에 예측해 대처법을 마련해두어야 한다. 그리고 듣는 사람에게 의미가 제대로 전달될 수 있게 적절한 표현을 사용하는 것도 중요하다.

이 모든 일이 문제없이 이루어지려면, 설득하는 사람은 '설득당하는 상대방에 대한 것'을 항상 생각하고 있어야 한다. 그런 의미에서 **설득이란 상대방에 대해 생각한 뒤에야 이루어지는 행동이고, 더 나아가 인간이란 존재 자체에 대해 생각하는 행위다.**

인간에 대한 지식을 갖추자

–

1장에서 전문가가 초보자를 설득하지 못하는 현상에 대해 잠깐 이야기했다. 그리고 그것은 설득 기술을 알지 못하기 때문이라고 설명했다. 여기서 한마디 덧붙이자면, 그 전문가는 설득하려는 상대방에 대해 제대로 깊이 있게 생각하지 않았기 때문에 설득에 실패한 것이다. 상대방이 지닌 지식의 양이 어느 정도인지, 어떤 가치관을 가지고 있는지, 지금 어떤 기분인지를 제대로 살펴보지 않았고, 이를 판단하기 위한 '인간에 대한 지식'도 없었기 때문이다.

그렇다. 설득을 위해 배워야 할 전문 지식이 있다면, 그것은 '인간에 대한 지식'이다. 이에 대해 키케로는 다음과 같이 말했다.

"변론가라면 인간의 삶과 윤리에 대해서 전체적으로 완벽하게 배워야만 한다."

'인간의 삶과 윤리'란 '사람은 어떻게 살아야 하고, 무엇을 소중히 여겨야 하는가' 하는 문제를 다룬 것이다. 이것은 곧 '인간이란 존재에 대한 지식'이고, 세상사에 폭넓게 관심을 가지고 매일 다른 사람을 설득하는 과정에서 성공하고, 실패하고, 반성하는 시간이 쌓여감에 따라 자연스럽게 갖추게 된다.

단, 이런 왕도를 걷기 위해서는 길을 걷는 사람의 척추라 할 수 있는 '설득'에 대한 지식이 바르게 서야 한다. **인간에 대한 바른 인식은 다른 사람과 바른 말을 주고받는 과정에서 생겨나기 때문이다.** 그리고 이에 대한 바른 지식은 키케로가 알려주는 로마식 변론술에서 찾을 수 있다. 이는 설득의 기술임과 동시에 '인간을 알기 위한 기술'이기도 하다.

키케로의 한마디

로마식 변론술은 '인간을 알기 위한 기술'이다.

키케로 Marcus Tullius Cicero에 대해

마르쿠스 툴리우스 키케로(기원전 106~기원전 43)는 기원전 1세기에 활약했던 로마 공화정을 대표하는 철학자이자 정치가다. 그의 사상은 유럽 문명에 큰 영향을 끼쳤고, 그의 문장은 라틴어 산문의 최고봉이라는 평가를 받고 있다.

키케로는 기사 계급 가정에서 태어나 소년 시절부터 설득을 위한 변론술을 연구했다. 그리고 교묘한 말재주 덕분에 신분의 벽을 넘어 귀족이 아닌데도 로마 정계의 수장인 집정관까지 되었다.

정치가로서 키케로의 테마는 '로마 공화정 체제 유지'였다. 그는 공화정을 무너뜨리고 독재정치를 하려는 인물들과 끊임없이 싸워야 했고, 최대의 적은 영웅 카이사르였다.

키케로는 강력한 군사력을 배경으로 도전하는 카이사르에게 말과 글로 맞섰다. 그의 무기는 의회에서 행하는 연설과 이상적인 공화정을 논한 저서《국가에 대하여》였다. 한쪽에서는 폭력, 한쪽에서는 변론을 무기로 하는 이런 비대칭적인 전쟁 끝에 어느 쪽이 승리하였는지는 쉽게 판단하기 어렵다. 단 한 가지 확실한 것은 카이사르는 그의 야망을 증오하는 젊은 정치가들에게 암살당했고, 암살자들은 거사를 치른 후 키케로의 이름을 외치며 환호했다는 사실이다.

키케로 자신은 암살 계획과 관련이 없었다고는 하지만, 그의 연설이나 저서가 지닌 강력한 설득력은 젊은 정치가들의 마음을 움직이기에 충분했다. 카이사르의 암살 사건은 키케로의 변론술이 지닌 위력을 보여주는 좋은 예이다.

키케로는 그 후 클레오파트라의 연인으로 유명한 안토니우스와 카이사르를 능가하는 정치적 천재이자 로마 초대 황제인 옥타비아누스(아우구스투스) 등 젊은 정치인들과 갈등을 겪은 끝에 안토니우스의 부하들에게 처형당했다. 그런데 이에 대해서는 후일담이 있다.

옥타비아누스가 로마의 황제가 되고 나서 어느 날 손자가 책을 읽고 있는 것을 보았다. 무슨 책인가 싶어 들어 올렸더니 바로 키케로의 책이었다. 그는 아무 생각 없이 책을 펼쳐들고 한참동안 읽었다. 그리고 책을 덮어 손자에게 돌려주며 이렇게 한마디 했다고 한다.

"키케로야말로 진정한 변론가다. 게다가 조국을 너무나 사랑했던 남자다."

끝맺는 말

키케로의 변론술은 지극히 실천적이다. 이 책에서 소개한 내용을 익히면서 설득과 토론에 임하면 틀림없이 지금까지와는 완전히 다른 성과를 손에 넣을 수 있을 것이다.

변론술은 말을 '무기'로 하는 기술이다. 하지만 '무기'라는 것은 어디까지나 올바른 목적으로 사용되어야만 한다. 말이라는 무기가 사용되는 변론술의 세계는 '토론'과 '논쟁'으로 나누어 볼 수 있다. '토론'이란 유익한 결론을 이끌어내기 위해 서로 이야기 나누는 것이고, '논쟁'은 상대방을 말로 이기기 위해 이야기 나누는 행위다.

물론 현실의 토론에서는 상대방이 걸어오는 논쟁을 피할 수 없는 경우가 대부분이고, 이에 대한 대처 방법은 앞에서 충분히 설명했다. 다만 한 가지 주의해야 할 사실이 있다. 자신과 상대를 위하는 '토론'에서만 내가 먼저 적극적으로 논쟁을 시작해야 한다는 점이다. 불필요하게 논쟁을 불러일으켜 상대방을 호되게 몰아붙이는 것은 키케로가 바라는 것이 아니다.

"뛰어난 변론가는 인격자여야만 한다."

이것이 키케로의 신념이었다. 따라서 변론술을 배우고 몸에 익히는 과정은 자연스레 인격을 닦는 과정이 되어야 한다. 마지막 장에서 썼듯이 진정한 변론술은 상대방에 대해 깊게 생각하고 그것을 통해 '인간을 알아가는 기술'이다.

따라서 이 책에서 소개한 기술이 독자 여러분에게 도움이 되는 동시에 주변 사람들에 대해 생각하는 계기가 된다면 저자로서 그 이상 기쁜 일도 없을 것이다.

2017년 5월, **다카하시 겐타로**

《변론가에 대하여》는 로마 정치가들의 대화를 예로 들며 키케로 자신의 변론술을 정리한 책이다. 《변론가에 대하여》에 실린 대화 중 키케로의 입장을 잘 드러낸 부분을 이 책에 인용했다.

인생의 8할은 설득이다

초판1쇄 인쇄 2018년 8월 7일
초판1쇄 발행 2018년 8월 17일

지은이 다카하시 겐타로
옮긴이 유윤한

발행인 이정식
편집인 이창훈
편집장 신수경
편집 정혜리, 김혜연
디자인 디자인 봄에
마케팅 안영배, 신지애
제작 주진만

발행처 (주)서울문화사
등록일 1988년 12월 16일 | 등록번호 제2-484호
주소 서울시 용산구 한강대로 43길 5 (우)04376
편집문의 02-3278-5522
구입문의 02-791-0762
팩시밀리 02-749-4079
이메일 book@seoulmedia.co.kr

ISBN 978-89-263-6622-6 (03190)

- 책값은 뒤표지에 있습니다.
- 잘못된 책은 구입처에서 교환해 드립니다.